Luis A. Wallpher
U.S.A. Love It Or Leave It

Obama 2009
Tiempos De Cambio

Obama 2009
Times Of Change

authorHOUSE®

AuthorHouse™
1663 Liberty Drive, Suite 200
Bloomington, IN 47403
www.authorhouse.com
Phone: 1-800-839-8640

First published by AuthorHouse 1/19/2009

ISBN: 978-1-4389-4302-2 (sc)

Printed in the United States of America
Bloomington, Indiana

This book is printed on acid-free paper.

Contents

DEDICATION

To my partner of adventures, happiness, tears, …… my

wife, "la Monica".

To my son Andy, the reason for loving life more and

more.

To my son John Luis y a mis nietos Aja, Storm and

Tiana.

En memoria de mí amado hijito Anthony.

ACKNOWLEDGEMENTS

Thanks to Ricardo Sanjinez for his review of this book and all his help, to Dr. Victor Calderon for his inspiring advice, was generous and indispensable.

To Kelly McTagger, Maria D'Adamo, Jaime Valdez, Charles Picard and to all the people in U.S.A. and Latin America that helped me in this adventure.

PREFACE

December 1966. It was a bitter cold day, but I didn't feel the coldness like I used to back in my birthplace of Bolivia. I was surrounded by a feeling that dulled the effects of the temperature and transformed my physical senses to such an extent that I felt pleasantly warm and fresh. My skin would have gladly accepted a caress and it seemed as though some strange force was welcoming me. I shuddered as a combination of happiness, sadness, awe, peace, and uneasiness filled my mind with innumerable questions. I was standing.... directly in front of John Kennedy's tomb, at the Arlington National Cemetery.

I had recently arrived in the U.S. on November 16th to visit the first love of my youth who had moved to Indiana, 30 miles from Purdue University. She was 16 and I was 18. She was the daughter of a former officer of the American Embassy in Bolivia. We were in love and had dated for two years without missing one day seeing each other. Her parents decided to send her back to United States to attend a private high school. Deep inside of me I think they wanted to keep us separated before receiving an unexpected surprise from us. She had left in June that year and the following five months were horrible for us. I refused live apart from her and tried thousands of things to keep us together. I asked my family for permission to visit the U.S.A. and then turned to my friends at the American Embassy to obtain a visa. I arrived at her grandparent's house where she was spending Thanksgiving only to be disheartened by the news that she was no longer in love with me. She suggested that it might be better for me to return to Bolivia. On that sad day I matured as a man! I left the house crying but didn't reveal my pain. I then traveled to Washington D.C. to visit a friend who lived there.

So as I stood before JFK's tomb feeling a warmth that I could not explain my mind left behind the sentimental pain that disturbed me and I began to reminisce about President Kennedy and the History of the United States.

When I was young my older brothers had told me stories about my great-grandfather, General Ramón Gonzáles Santiesteban, who had once rescued some American citizens. President William H. Taft recognized his act of bravery by giving him a golden handled sword with an inscription on the blade that read:

"The people of U.S.A. to Gral. Ramón González. (signed) President Taft".

I heard this story at eight years of age and since then have always identified the United States with things good and valuable. Today after half century of my life has passed, my feelings have not changed. I still love this wonderful country with the same intensity that I loved the beautiful girl who was my first love, for I have her to thank for leading me to the country of my fondest dreams.

L.W.G

INTRODUCTION

L ike millions of Hispanic Americans dazzled by this land of freedom and hope, at an early time of my life I decided to install my home at the north of the Rio Bravo. I was not an economic exile but an anxious young man one in search of his destiny. I could stay in my country of origin, where my family was doing well, and become a military man or a politician, a doctor or a lawyer according to the old tradition. But I was an iconoclast, I wanted to be an artist and visit the world. And the world at that time was the United States of America.

Here I am since the 60s, time of new paradigms, hippies and revolution with flowers and I am a witness of what happened in this country in almost half century; from the happy times when the barrel of oil cost less than five dollars and the New York subway was not a dangerous place. It was the time of the War of Vietnam, when Lyndon B. Johnson and Lady Bird were the tenants of the White House, the Beatles dominated the musical scene, Dustin Hoffman was an adolescent and Leonardo Di Caprio was not born yet.

Of course I saw how the Latin community grew. Some coming to America fleeing from communist or military dictatorships and others from misery, also some that came to obtain a college degree or a University title and ended up staying and forming families; now we are the first national minority.

As all young persons, I was impressed by the personality and charisma of the deceased President John F. Kennedy, a universal icon whose tomb I visited and was also impacted by the phrase that he pronounced while he was still alive which is sculpted in granite at the Arlington cemetery:

"Do not ask yourselves what your country can do for you; ask your-selves what you can do for your country. Citizens of the world, do not ask what the United States can do for you, but what we can do together for the freedom of men"

It was a challenge that demanded personal renunciation in ex-change for the right of living under a sky where democracy reigns; in an open society that rewarded tenacity and hard work with triumph, that assured freedom of conscience and expression; in a nation of in-dependent institutions, of citizens that exerted their own sovereignty with responsibility, respectful of the law, a country without discrimina-tion by reasons of race, gender or thinking.

I lived the times of crises but also those of prosperity of the coun-try, and I felt the realization of the American dream in every way and also in its deepest spiritual sense.

In all these years I found sharp expressions against *the American way* from the vision of sociologists, historians, actors, and even religious people but mainly from politicians of many countries, which made *anti-imperialism* a source of appeal and an excuse for their personal interests. It was part of the cold war and the confrontation between two antagonistic economic and political systems, socialism/capitalism, communism/ democracy and authoritarianism/freedom.

America was in force in each farm of the Midwest, in the skyscrap-ers of New York, in the songs of Elvis Presley, in the stadium of the Yan-kees of Chicago, in the rocket launching platforms in Cape Canaveral, in the contests of Miss Universe in Los Angeles, in the Smithsonian Museum, in Broadway, in the Colorado Canyon, in Harvard and West Point, in the turbid waters of the Mississippi, in the old men looking at women pass by at Florida beaches, in the Lincoln Center and the Capitol, in the nights of jazz in Saint Louis, in the inhabitants of each neighborhood, in each county, in each American town.

Wherever it was, I found true people, reliable about their word, respectful of their time and the time of others, and of God; people that made a cult of friendship, enjoyed life and forged a future with their work under the conviction that personal success paved each stretch of the way towards the victory of all.

I closely watched the way how the United States assumed the challenges of the second half of the XX century. And in all those episodes of modern history, despite their internal problems, the United States had the courage of fulfilling its role.

It is true that in America subsist sharp contrasts and reservoirs of poverty and racial intolerance that are expressed, for example, against immigrants of Latin origin. The American dream is still forbidden for many Hispanics, the immigration problem is still unsolved and a change is needed. However, contrasts are disappearing insofar as the North American society becomes darker colored by the presence of millions that have brought mariachis, pasties, salsa and its own culture; tributaries of the largest melting pot of universal history.

For that reason today I ask myself, why the United States has forgotten Latin America? , Why the *cliché* of the *ugly American* is becoming evident?, When it began to forget its love for freedom and equality?, Did it get tired of transforming? Did it enter into a decadence?, Did its lights go out? Has its time ended?

Probably, the answers could be found in the indifference of the government of President George W. Bush with respect to Latin America that allowed the destruction of the democratic bases that had been established 25 years ago after the exit of the military regimes.

Everything seems to indicate that Latin America is going to a violent resolution of long time latent conflicts that have as component, the situation of poverty in great segments of the population, the terrible distribution of wealth and social breakdown, but also drug trafficking, terrorism and political oppression. This threat of continental conflict is the result of the indifference of the last government tours Latin America.

These eight years of the 21st century constitute a black hole in history. Public administration has been infiltrated by corruption. Politics is no longer a service to the people but booty that divides society. The unwanted war in Iraq, with false argumentation, has not only become a trap for our soldiers, but it aggravated the energetic problems and has not given security to the country since it continues being vulnerable to terrorism. Our health system has lost its social and supportive element to become a business and the school system has suffered an unconcealed lag because the government, privileging the present well-being of some, looks like it does not share the idea that our children are the future of America.

But in addition to that, the economy is not well. American citizen fear the future and everything shows that despite the potential of the United States, its politicians no longer represent a society that rejects them. Here, there is a crisis of the State and of American society. The United States cannot go ahead in this way and it needs a change in the structures of the political power.

But just as every moment of history has had a suitable protagonist, with Barack Obama, are still valid the words that his predecessor, John F. Kennedy, pronounced in one of his campaigns: *"Today some will say that those fights have finished since, all the horizons have been explored; that all the battles have been won... But neither all the problems are solved, nor all the battles won; we are today on the verge of a new horizon... I ask each of you to be the new pioneer of this new frontier".*

The Latin America, that geographically and emotionally complements with the United States of North America, expects that as President John Kennedy did it in the 60s, The new president would reformulate a new Alliance for the Progress, which would amend the damaged relations with those countries at the south of the Rio Bravo, which would invigorate their economies attenuating the exodus of their citizens and encouraging their democratic convictions in the prospect of a harmonic hemispherical community.

The purpose of this book is a reminder of the role played by America and its Presidents in the XX and XXI centuries, at the same time the enhance and strengthen of the relations between the United States and Hispanic America.

I wrote ***U.S.A. love it or leave it,*** as a way to remember what has happened before and is kind of forgotten now, with the hope that the new President of the United States could amend the mistakes of his predecessors and reinforce their good decisions. I also write it as a demand to the conscience of the Americans, those that have European roots and those that have arrived from Cuba, Mexico, Central and South America and have assimilated to this society of free men, to recover the lost values and dare to cross the new frontiers that lie ahead of us.

Luis Wallpher Gonzáles
August 2008.

PRÓLOGO

Diciembre 1966. Era un día frío, pero diferente al frío de mi tierra natal, Bolivia.[1] Era una sensación emocional que se imponía al factor térmico, de manera que yo sentía, hasta cierto punto, calidez y frescura. Era como una bienvenida, sentía un vivo estremecimiento, alegría, tristeza, asombro, paz, desasosiego, y un sinnúmero de interrogantes. Yo estaba parado.... frente a la tumba de J.F.K., en el cementerio de Arlington.

Había llegado a los Estados Unidos apenas hacia un mes, en un 16 de Noviembre, el motivo que me llevo al país del Norte fue mi primer amor de juventud. Ambos éramos adolescentes, ella 16 y yo 18. Ella vivía en Indiana, a unas treinta millas de la Universidad de Purdue. Era la hija de un miembro de la Misión Americana en Bolivia, estuvimos enamorando alrededor de un par de años, en los cuales no dejamos de vernos ni un solo día. Sus padres decidieron enviarla de vuelta a los Estados Unidos, donde continuaría sus estudios de secundaria en un colegio privado. En el fondo, creo ellos pensaron que era mejor separarnos antes de que les diéramos una sorpresa inesperada.

Ella partió en junio de ese año y los cinco meses posteriores a nuestra despedida fueron terribles para los dos. Yo no podía vivir lejos de ella y realicé mil gestiones primero con los miembros de mi familia para conseguir el permiso para viajar por lo menos por un mes, y luego recurrí a mis amigos de la Embajada Americana para conseguir la visa.

---

[1] En el altiplano de los Andes sudamericanos, el frío quema la piel.

Para hacer la historia corta, llegué a la casa de sus abuelos, donde ella estaba por las fiestas de Thanksgiving, me recibió pero sólo para decirme que ya no estaba enamorada y que me quería mucho y que por favor volviera a mi país. ¡Empecé a hacerme hombre aquel día! Pero salí de su casa llorando y me fui a Washington D.C. donde vivía un amigo mío. Era diciembre y yo de pie frente….. a la tumba de J.F.K., sintiendo un insensato frío-cálido. Fue allí que mi mente empezó a dejar en el olvido la pena sentimental que me turbaba para concentrarme en lo que recordaba sobre el Presidente Kennedy y la historia de los Estados Unidos de América.

Cuando niño mis hermanos mayores me contaban que mi bisabuelo, el General Ramón Gonzáles Santiesteban, salvó la vida a unos ciudadanos norteamericanos y por ese motivo el entonces presidente William H. Taft le obsequió una espada con empuñadura de oro en cuya hoja se había grabado un texto:

"The people of U.S.A. to Gral. Ramon Gonzalez. (sign) President Taft".

Cuando me lo contaron yo tendría unos ocho años, pero desde entonces identifiqué a los Estados Unidos como algo bueno y apreciable. Hoy, cuando he pasado el medio siglo de vida, no he cambiado de pensamiento y sigo amando a este maravilloso país con la misma intensidad con la que quise a esa linda adolescente, que fue mi primer amor, y a la que le agradezco por haberme llevado con la mano de su corazón al país de mis mejores sueños.

INTRODUCCIÓN

Como millones de hispanoamericanos, deslumbrado por esta tierra de libertad y esperanza, en una época temprana de mi vida decidí instalar mi morada al norte del Río Bravo. No era un exiliado económico, sino un joven inquieto en busca de su destino. Pude permanecer en mi país de origen, donde mi familia poseía una economía saludable, y hacerme militar o político, de acuerdo a la vieja tradición. Pero yo era un iconoclasta, quería ser artista y conocer el mundo. Y el mundo en ese tiempo era Estados Unidos de América.

Aquí estoy desde los años 60, tiempo de nuevos paradigmas, de *hippies* y revolución con flores y soy testigo de lo que ha sucedido en este país en este casi medio siglo, desde la época feliz cuando el barril de petróleo costaba menos de cinco dólares y el Metro de Nueva York no era un lugar peligroso. Era el tiempo de la Guerra de Vietnam, cuando Lyndon B. Johnson y Lady Bird eran los inquilinos de la Casa Blanca, Los Beatles dominaban el escenario musical, Dustin Hoffman era un adolescente y Leonardo Di Caprio aún no había nacido.

Desde luego vi cómo fue creciendo la comunidad latina, unos huyendo de las dictaduras militares, otros de la miseria, sin que falten los que buscaban en Norteamérica un título universitario y terminaron quedándose, inclusive formando familias, hasta constituir entre todos la actual primera minoría nacional.

Como todo joven, me subyugó la personalidad y carisma del desaparecido Presidente John F. Kennedy, un icono universal cuya tumba visité, impactándome la frase que él pronunciara en vida y que estaba esculpida en granito en el cementerio de Arlington:

"No se pregunten lo que su país puede hacer por ustedes; pregúntense lo que ustedes pueden hacer por su país. Ciudadanos del mundo, no pregunten lo que Estados Unidos puede hacer por ustedes, sino lo que juntos podemos hacer por la libertad del hombre"

Era un reto demandando renunciación personal a cambio del derecho de vivir bajo un cielo donde reinaba la democracia, en una sociedad abierta que premiaba la tenacidad con el triunfo, que aseguraba la libertad de conciencia y de expresión, en una nación de instituciones independientes, de ciudadanos que ejercen su propia soberanía con responsabilidad, sometidos solamente a la ley, un país sin discriminación por motivos de raza, género o pensamiento.

Todo ello expresaba aquella frase que tuvo la fuerza de convertirme en demócrata y seguidor del pensamiento de JFK. Hoy, tras 47 años, lo sigo siendo y encuentro, en Barack Obama, los mismos valores y principios *kennedianos*, idénticos propósitos políticos y similar estilo vibrante, intelectual y decidido, para enfrentar esta vez los retos del siglo XXI.

Viví los momentos de crisis, pero también los de prosperidad del país y sentí la materialización del sueño americano en todo lo que tiene de material y también en su sentido espiritual más profundo. No puedo negar que vi formas de explotación y desprecio a muchos hispanos por su escasa preparación e indefensión ante un sistema al que felizmente yo pude incorporarme con perseverancia, trabajo duro y algo de suerte.

En todos estos años hallé expresiones afiladas contra el *american way* desde la visión de sociólogos, historiadores, cineastas, inclusive religiosos y sobre todo políticos de muchos países, que hicieron del *anti-imperialismo* una fuente de convocatoria y un rico filón para propósitos personales. Ello fue parte de la guerra fría y el enfrentamiento entre dos sistemas económicos y políticos antagónicos, socialismo/capitalismo, comunismo/democracia, autoritarismo/libertad.

Los Estados Unidos que conocí universalizaron mi vocación de artista plástico. América estaba vigente en cada rancho del medio oeste, en los rascacielos de Nueva York, en las canciones de Elvis Presley, en el estadio de Los Yankees de Chicago, en las plataformas de lanzamiento de cohetes en Cabo Cañaveral, en los concursos de Miss Universo en Los Angeles, en el Museo Smithsoniano, en Broadway, en el Cañón del Colorado, en Harvard y West Point, en las turbias aguas del Mississipi, en los viejos que veían pasar bikinis en las playas de Florida, en el Lincoln Center y el Capitolio, en las noches de jazz en Saint Louis, en los habitantes de cada barrio, en cada condado, en cada villa americana.

Donde quiera que anduve encontré gente de verdad, cumplidora de su palabra, respetuosa de su tiempo y el de los demás, temerosa de Dios, que hacía de la amistad un culto, se reía de sí misma, gozaba de la vida y forjaba el porvenir con trabajo, bajo el convencimiento de que el éxito personal pavimentaba cada trecho del camino hacia la victoria de todos.

Miré de cerca la manera cómo Estados Unidos asumía los retos de la segunda mitad del siglo XX. Y en todos esos episodios de la historia moderna, pese a sus problemas internos, Estados Unidos tuvo el valor de cumplir su rol.

Es cierto que en América subsisten agudos contrastes y bolsones de pobreza e intolerancia racial que se expresan, por ejemplo, contra los inmigrantes de origen latino. El sueño americano aún está vedado para muchos hispanos, los problema de inmigración siguen sin resolverse y hace falta un cambio. Sin embargo los contrastes van desapareciendo en la medida en que la sociedad norteamericana se va haciendo más morena por la presencia de millones de seres que han traído mariachis, empanadas, salsa y su propia cultura, tributarios del mayor *melting pot* de la historia universal.

Por eso hoy me pregunto nostálgico, ¿por qué Estados Unidos ha olvidado a Latinoamérica?, ¿por qué el *cliché* del *americano feo* se va convirtiendo en una apesadumbrada evidencia?, ¿dónde se han perdido sus valores?, ¿cuándo empezó a decaer su amor por la libertad y la igualdad?, ¿se ha cansado de transformar, entró en decadencia, se apagaron sus luces, concluyó su tiempo?.

Probablemente las respuestas se las deba encontrar en la indiferencia del gobierno del Presidente George W. Bush respecto a América Latina, que permitió destruir las bases democráticas que se habían establecido hace 25 años, luego de la salida de los regímenes militares.

Todo parece indicar que la América Latina está yendo a una resolución violenta de conflictos larvados de larga data, que tienen como componentes la situación de pobreza de grandes segmentos de la población, el pésimo reparto de la riqueza, la desagregación social, pero también el narcotráfico, el terrorismo y la opresión política. Esta amenaza de conflicto continental es el resultado de la indiferencia de la era *bushista*.

Estos ocho años del siglo XXI constituyen un hueco negro en la historia. Los poderes públicos han sido infiltrados por la corrupción. La política ya no es más un servicio al pueblo sino un botín que divide a la sociedad irreconciliablemente. La guerra indeseada en Irak, con argumentación falsa, no sólo se ha convertido en una trampa para nuestros soldados, sino que agravó los problemas energéticos y no ha dado seguridad al país pues sigue siendo vulnerable al terrorismo. Los grandes emprendimientos en beneficio de la humanidad no existen más. Nuestro sistema de salud ha perdido su elemento social y solidario para convertirse en un negocio y el sistema escolar ha sufrido un retraso inocultable porque el gobierno, privilegiando el bienestar presente de unos pocos, no comparte la idea de que nuestros niños son el futuro de América.

Pero además hay recesión, la economía no está bien, el ciudadano americano tiene temor por el futuro y todo muestra que, pese al potencial de los Estados Unidos, sus políticos ya no representan a una sociedad que los rechaza. Aquí hay una crisis del Estado y de la sociedad americana. Estados Unidos no puede seguir adelante de esta manera y necesita un cambio en las estructuras del poder político. Requerimos urgentemente nuevos paradigmas y encaminar nuestros pasos hacia otras metas, con visiones nuevas.

Pero como cada momento de la historia ha tenido un protagonista adecuado, con Barack Obama, siguen vigentes las palabras que su antecesor, John F. Kennedy, pronunció en alguna de sus campañas: *"Hoy algunos dirán que esas luchas han terminado ya, que todos los horizontes han sido explorados, que todas las batallas se han ganado… Pero no todos los problemas están resueltos ni las batallas están todas ganadas; nosotros estamos hoy al borde de un nuevo horizonte… Pido a cada uno de ustedes que sea el nuevo pionero de esta nueva frontera".*

La América Latina, que se complementa geográfica y anímicamente con los Estados Unidos de América, aguarda que, igual como lo hizo el Presidente John Kennedy en los años 60, el nuevo Presidente reformule una nueva Alianza para el Progreso, que reponga las dañadas relaciones con esos países al sur del Río Bravo, dinamice sus economías atenuando el éxodo de sus ciudadanos, alentando sus convicciones democráticas en la perspectiva de una armónica comunidad hemisférica.

Ese es el propósito de este libro, que es un recordatorio del rol cumplido por América y sus mandatarios en los siglos XX y XXI y al mismo tiempo pondera el curso y la calidad de las relaciones entre los Estados Unidos e Hispanoamérica.

Escribo ***U.S.A. love it or leave it,*** como una forma de recordar lo que sucedió antes y pareciera estar quedando en el olvido, con la esperanza de que el nuevo Presidente de los Estados Unidos pueda rectificar los errores de sus antecesores y profundizar sus aciertos. Lo escribo también como una demanda a la conciencia de los americanos, los que tienen raíces europeas y quienes han llegado de Cuba, México, Centro y Sudamérica y se asimilaron a esta sociedad de hombres libres, para recuperar los valores perdidos y atreverse a cruzar las nuevas fronteras que se nos ponen al frente.

Luis Wallpher Gonzáles
Agosto de 2008.

CAPÍTULO 1

KENNEDY, el valor
de las nuevas fronteras

Estaba cantada la candidatura de Nixon en 1960 pues era el sucesor natural de Ike. En cambio a John F. Kennedy le costó el doble de esfuerzo enfrentar a figuras consagradas como Hubert H. Humphrey, Senador por Minesota y Wayne Morse, Senador por Oregon, a quienes logró vencer en la larga serie de elecciones primarias para confrontar con el verdadero adversario dentro del Partido Demócrata, Lyndon B. Johnson, Senador por Texas.

Igual que Barack Obama, JFK debió realizar una *tour de force* por todo el territorio de la Unión y fue sometido a ironías que ponían en duda la intensidad de su patriotismo, su juventud, o la calidad de sus convicciones políticas y religiosas. También tuvo que pelear la nominación demócrata palmo a palmo y el enfrentamiento contra Lyndon Johnson fue terrible para ambos --como sucedió recientemente a Obama con Hillary Clinton--. En 1960 menudearon las ironías e inclusive los insultos. Aunque ambos eran demócratas, no podían ser más distintos. Pero, al final, Kennedy se impuso a Johnson en julio y, buscando reunificar el partido, así como ganar la simpatía de Texas y los petroleros, invitó a su rival como compañero de fórmula para enfrentar juntos a Nixon.

Fue la elección del siglo y pocas veces dos aspirantes a la Casa Blanca mostraron perfiles tan categóricamente antagónicos teniendo a la Guerra Fría y la exclusión racial como telón de fondo. La religión se electoralizó y la condición católica de JFK fue argumento para los conservadores, en un país mayoritariamente protestante, obligándole a formular una declaración: *"Soy el candidato del Partido Demócrata a Presidente, que resulta que también es católico. No hablo por mi Iglesia en temas públicos y la Iglesia no habla por mí... Pero si alguna vez llegara el tiempo cuando el cargo requiera o que viole mi conciencia o que viole el interés nacional, entonces renunciaré al cargo; y espero que cualquier servidor público cuerdo haga lo mismo".*

Nixon partió con ventaja por su innegable experiencia. Las campañas fueron apasionantes y mucho más el *face to face* que protagonizaron ambos en tres ocasiones por televisión. Nixon salía de una dolencia física, cuando se presentó al set con la barba de varias horas y se negó a ser maquillado. En cambio Kennedy lució con expresión facial radiante y descansada. Entre 70 millones de ciudadanos, la mayoría de los que vieron el encuentro por televisión opinó que ganó el demócrata, en cambio quienes lo escucharon por radio le dieron la victoria al republicano. Hubo otros dos debates pero la primera imagen definió la preferencia. Aún así, la victoria fue en verdad muy estrecha: 49,7% contra 49,5%. El sistema electoral norteamericano definió en última instancia la presidencia de Kennedy por 303 electores contra 219 de Nixon.

La posesión fue comparada con una coronación en la que estuvieron reyes, presidentes de repúblicas, primeros ministros, princesas, estrellas del cine y todo el clan Kennedy, imagen viva del éxito, la riqueza y la fama. El Presidente Kennedy tenía sólo 43 años en enero de 1961 que es justamente el año en que viene al mundo Barack Obama.

JFK sabía que el éxito o fracaso de su administración estaría ligada al desafío que planteaba la Unión Soviética, tanto en el terreno de la lucha ideológica como en la toma de regiones y el control de gobiernos. Sus adversarios lo habían acusado de contemporizar con el enemigo comunista y por ello advirtió de entrada: *"Que sepan todas las naciones, nos quieran bien o mal, que pagaremos cualquier precio, soportaremos cualquier carga, haremos frente a cualquier dificultad, apoyaremos a cualquier amigo y nos opondremos a cualquier enemigo para asegurar la vida y el triunfo de la libertad".* Eso sucede también con Barack Obama, quien dijo que daría una oportunidad de diálogo a los adversarios de los Estados Unidos, pero si persisten en amenazar al país los pondría en regla.

E igual como promete hacer Obama luego del período de indiferencia, Kennedy privilegió en su administración los vínculos con la América Latina, ya no en condición de patio trasero de los Estados Unidos, sino en una relación de iguales en pos de un destino común. Así lo señaló el propio Presidente Kennedy pocos días después de su posesión:

> *"El ansia de progreso que hoy inflama el espíritu de los hombres de todo este hemisferio señala tan sólo la etapa más reciente de la eterna revolución de las Américas. La República de los Estados Unidos del Norte fue creada por Washington y Jefferson antes de que la democracia llegase a Europa. Bolívar y San Martín alcanzaron la independencia de países de Sudamérica antes de que se derrumbaran los sistemas coloniales de ultramar. La revolución social era ya realidad en México antes de que Rusia se sacudiera del feudalismo zarista. Y en casi todos los aspectos del progreso nacional, la América del Norte y la del Sur han marcado el rumbo hacia una sociedad más fecunda y más libre.*

> *He prometido la vigorosa participación de los Estados Unidos en un esfuerzo común para realizar ese propósito, mediante la formación de una nueva **Alianza para el Progreso** entre todas las naciones del continente. Pero para triunfar, será preciso aunar las energías y la imaginación de todos los pueblos de América. Debemos trabajar en el desarrollo de nuevos recursos, en la reforma de sistemas de distribución agraria, en organizar mercados comunes, establecer fábricas, diversificar la producción agrícola, construir carreteras, hospitales y sistemas de abastecimiento de aguas de los cuales depende la continuidad del progreso, y lograr que todos los ciudadanos --obreros, campesinos, empleados y profesionales-- compartan por igual el adelanto de las Américas".*

Una de sus primeras decisiones fue pedir al Congreso quinientos millones de dólares de ese tiempo (más de cinco mil millones de dólares hoy) para la Nueva Alianza que propugnaba. La **Alianza para el Progreso** empezó a tomar forma bajo la dirección de Adolf A. Berle, un hombre del equipo de Roosevelt quien se desempeñó en los 40 como Subsecretario de Estado para asuntos de asuntos latinoamericanos. Su misión era clara: *ayudar a la América Latina a salir del estado de pobreza, ignorancia, impotencia económica e inestabilidad política.* El propósito era establecer planes a largo plazo en colaboración con los gobiernos, que permitan elecciones libres, honestas y abiertas; ampliar préstamos y donaciones con destino a fines sociales y reducir las tarifas arancelarias para aumentar la importación de productos latinoamericanos.

El Secretario de Estado, Dean Rusk propuso la colaboración activa con los Estados americanos para poner fin a las tiranías, ya sean de derecha o izquierda, fortaleciendo la base económica y social de la democracia. Esa fue una clara declaración contraria a dictaduras como la de Cuba y Santo Domingo, lo que a su vez alentó a los opositores en ambos países. Fue así que, con una diferencia de 45 días, el mundo vio dos operativos cinematográficos, uno otro coronado por el éxito en la República Dominicana, donde un grupo de conspiradores mató al dictador Rafael Leonidas Trujillo, con el que Washington había roto relaciones y otro fracasado en Bahía Cochinos-Cuba, que golpeó duramente a la administración Kennedy.

Pero la **Alianza para el Progreso** y los Cuerpos de Paz que apelaron a jóvenes norteamericanos para realizar trabajo voluntario en programas de salud, educación, agricultura, construcción de caminos, escuelas y postas sanitarias, fue un éxito. Varios de los voluntarios que llegaron entonces se enamoraron de América Latina, se casaron con latinas y volvieron una y otra vez al país en el que sirvieron con abnegación.

Los nuevos habitantes de la Casa Blanca le impusieron un estilo elegante y moderno. Hospedaron a premios Nóbel, recibieron al cellista Pablo Casals. Invitaron a poetas y pintores, actores y cantantes, embajadores y científicos, en un ambiente intelectual y refinado donde se escuchaba a Mozart, Gershwin y Stravinsky y se leía a Shakespeare. Jacquie plantó árboles, construyó una piscina y cuidó los detalles con exquisito refinamiento. Después de las dramáticas reuniones con el Secretario de Estado Rusk, el de Defensa McNamara o con el jefe de la CIA, siempre hubo tiempo para una nota amable y de entonces vienen esas fotografías que marcaron época, cuando sus pequeños hijos Caroline y John-John jugaban debajo del escritorio del Salón Oval donde Kennedy trabajaba para resolver los problemas de un mundo en ebullición.

JFK pronunció un célebre discurso en Los Ángeles. *"Esta fue alguna vez la última frontera. Viniendo de las tierras que están a 3.000 millas detrás de mí, los pioneros de otra época renunciaron a su seguridad, a su bienestar y muchas veces a sus vidas para construir aquí, en el Oeste, un nuevo mundo... Hoy algunos dirán que esas luchas han terminado ya, que todos los horizontes han sido explorados, que todas las batallas se han ganado, que ya no existe una frontera en América. Pero no todos los problemas están resueltos ni las batallas están todas ganadas; nosotros estamos hoy al borde de un nuevo horizonte: la frontera de la década del 60... Más allá de esa frontera están las zonas inexploradas de la ciencia y del espacio, problemas sin resolver sobre la paz y la guerra, ignorancia y prejuicio que aún no han sido conquistados, preguntas sin responder sobre la pobreza y el exceso de beneficios. Sería muy fácil quedarse detrás de esa frontera, mirar hacia la segura mediocridad del pasado... Pero yo creo que estos tiempos necesitan y exigen invención, innovación, imaginación, decisión. Pido a cada uno de ustedes que sea el nuevo pionero de esta nueva frontera"*.

El 31 de enero de 1961 Estados Unidos lanzó al espacio su primera nave tripulada por el chimpancé Ham en el Mercury 3. El 12 de abril, la URSS envió el primer vuelo espacial tripulado por un ser humano llamado Yuri Gagarin. El 5 de mayo Alan Shepard hizo el primer vuelo suborbital, al cabo del cual Kennedy declaro ante el Congreso su propósito de llevar un hombre a la Luna y retornarlo a la Tierra sano y salvo antes de que finalice la década. La conquista de las nuevas fronteras había empezado.

Pero el mundo se convertía en un explosivo tablero de ajedrez. La URSS movía sus fichas en todos los frentes, desde el África hasta el Caribe y desde los Andes hasta el Asia. La OEA expulsaba a Cuba. En febrero del 62 cinco mil efectivos norteamericanos llegaban a Vietnam del Sur en misión de entrenamiento militar.

Se mantenía el ritmo de ingreso de braceros mexicanos con destino a las granjas agrícolas del sur de los Estados Unidos. Pero esa inmigración que significa una movilización anual de cientos de miles de personas, empezaba a incluir portorriqueños y latinoamericanos en general. A tono con esa situación, Rita Moreno, fue la primera actriz latina galardonada con un Oscar de la Academia de Cinematografía por su actuación en West Side Story, una versión moderna de Romeo y Julieta ambientada en las calles del Bronx entre pandillas juveniles portorriqueñas y neoyorquinas. Pronto las cifras de inmigrantes serian transformadas por las olas de cubanos que huían del régimen comunista de Fidel Castro, que a su vez limitaba la libre movilización de sus ciudadanos.

La isla se iba a convertir en una cárcel gigantesca, de la que la gente intentaría salir utilizando las más variadas e ingeniosas formas flotantes. Ese satélite de la URSS provocó el incidente más grave de la Guerra Fría. El 14 de octubre de 1962, aviones espías U2 descubrieron que la URSS construía allí silos nucleares y plataformas para misiles de largo alcance. Sorprendido en falta, Jruschov dijo que era una estrategia defensiva, ante la posibilidad de que Cuba sea atacada por los Estados Unidos. Era una mentira, los misiles y rampas eran sólo una parte del plan, pues naves rusas se desplazaban por el Atlántico transportando armas nucleares rumbo a Cuba..

Kennedy lanzó un ultimátum a Jruschov: o detenía las naves o habría represalias masivas. Las naves siguieron adelante. Kennedy se preparó para lo peor (que incluía un desembarco masivo en Cuba) mientras el líder soviético trataba de ganar tiempo y avanzaba hacia el Caribe. El 25 llegó el momento decisivo y el Presidente ordenó la movilización de una flota americana con la orden de atacar las embarcaciones soviéticas.   Los marinos soviéticos, ya en el Caribe, se aprestaban a burlar el bloqueo naval americano. Con los cañones listos para abrir fuego y el arsenal americano en apronte para una ofensiva total, Kennedy anunció el ataque. Y al filo de una tercera guerra mundial, esta vez nuclear, el 28 Jruschov prefirió dar la contraorden y sus navíos dieron media vuelta. La valiente actuación de JFK fue una victoria incuestionable.

La URSS se dio cuenta de que no se podía jugar con fuego. Y ambos decidieron que nunca más debían enfrentar una situación semejante. De ese tiempo fue la instalación del célebre "teléfono rojo", una línea de comunicación directa entre las oficinas de Kennedy y Jruschov que les permitiera comunicarse de manera inmediata ante el surgimiento de alguna crisis especialmente grave. Y como nunca antes fue posible creer en la *coexistencia pacífica*.

Se abrió un breve paréntesis de sosiego matizado por las producciones de espionaje. En una entrevista JFK dijo que tenía en su cabecera los libros del escritor inglés, Ian Flemming, creador de James Bond, el agente 007, lo que lanzó a la fama al autor que vendió sus derechos para la producción de filmes que alcanzarían éxito, a partir de *Dr. No* y *De Rusia con Amor*, luciéndose el actor escocés Sean Connery.

No sólo el sueño americano era real; también había que ponerle límites morales y fue durante la gestión de Kennedy cuando ejecutivos de grandes compañías, como General Electric y Westinghouse, fueron procesados, multados y encarcelados por actitudes especulativas. Cuando las mayores compañías siderúrgicas anunciaron un aumento unilateral del precio del acero, su reacción fue irritada: *"El pueblo americano encontrará duro, igual que yo, aceptar una situación en la cual un pequeño grupo de empresarios del acero, cuyas intenciones de lograr un poder privado y ganancias supera su sentido de responsabilidad pública, demuestra un profundo desprecio por los intereses de 185 millones de americanos"*. Ello alentó la resistencia de los consumidores y el gobierno concedió créditos a empresas pequeñas que no elevaron los precios, los obreros apoyaron a Kennedy y los grandes terminaron capitulando.

Buscó crear una Comunidad Atlántica para oponerse a la agresión comunista, dando a las armas nucleares un valor estratégico más allá del puramente militar, de manera que la Unión Soviética se aviniera a mantener la paz. Ello implicaba la colocación de centenares de cohetes de alcance intermedio bajo órdenes de la OTAN, sobre barcos de los países participantes.

Tras 18 años de reconstrucción europea con apoyo económico de los Estados Unidos, Alemania Federal se mostraba próspera y su principal anhelo consistía en la reunificación, pero la URSS levantó el muro de Berlín. Estados Unidos redobló el aprovisionamiento aéreo y Elvis Presley, cumpliendo su servicio militar, se convirtió en el icono americano en uniforme de soldado en Berlín reforzando la causa del mundo libre. El 26 de junio de 1963, la totalidad de la población berlinesa salió a las calles para dar la bienvenida al Presidente John F. Kennedy y fue entonces que pronunció la frase que emocionó al mundo:

"Hace dos mil años era un orgullo decir *civis romanus sum* (yo soy un ciudadano romano). Hoy, en el mundo de la libertad, uno puede estar orgulloso de decir Ich bin ein Berliner. Todos los hombres son libres, donde quiera que vivan, son ciudadanos de Berlín, y, por ello, como un hombre libre, estoy orgulloso de decir **¡Ich bin ein Berliner!**"

La frase despejó cualquier duda en cuanto al valor de la alianza entre Alemania y los Estados Unidos y la seguridad de que Alemania volvería a reunificarse, lo que se cumplió 26 años más tarde, cuando los propios berlineses del este y del oeste derribaron el muro, lo que iba a marcar el hundimiento del comunismo en el mundo.

América empezó a moverse al ritmo del *twist* mediante la simpática figura de Chubby Checker, mientras la campaña de Kennedy para dar fin a la segregación racial alcanzaba hitos notables. En junio de 1963 James Meredith se registró como el primer estudiante negro de la Universidad de Mississippi, pese a la oposición del gobernador del Estado y de los estudiantes blancos, desatándose escenas de violencia que dejaron tres muertos y decenas de heridos, obligando al gobierno federal a movilizar tres mil efectivos para controlar la situación y garantizar los derechos de Meredith.

El reverendo Martín Luter King se puso a la cabeza de doscientos mil negros, blancos y latinos en una marcha sobre Washington exigiendo derechos civiles. Sobre una tarima al lado del Lincoln Memorial, el líder pacifista negro dijo: *"Ha llegado el tiempo de salir del oscuro y desolado valle de la segregación a la senda luminosa de la justicia racial"*. Kennedy recibió a Luther King y diez líderes de su movimiento en la Casa Blanca, generando el odio de los segregacionistas enlistados en el Ku Klux Klan, mientras los jóvenes americanos se solidarizaban con el Presidente y disfrutaban de la música de un afroamericano ciego, como Ray Charles, el actor Sydney Poitier triunfaba en el cine y Cassius Clay se preparaba para ganar la corona mundial de los pesos completos.

Llegando al tercer aniversario de su presidencia, el balance era positivo ameritando un segundo período. Kennedy mantuvo a raya a los rusos imponiéndoles un tratado de prohibición parcial de ensayos nucleares, logró superar la ventaja de la URSS en la carrera espacial. Aumentó la oferta del empleo, la actividad económica y la captación de impuestos, lo que permitió ampliar los beneficios del seguro médico, la cobertura educativa y la ayuda para la población más necesitada. Fue notable la lucha por los derechos civiles y contra la exclusión racial. Kennedy no toleró la subversión comunista en el hemisferio americano, pero tampoco las tiranías derechistas.

Vietnam fue una herencia indeseada. La administración demócrata fue involucrándose cada vez más en Vietnam del Sur para evitar la embestida del norte liderado por el veterano guerrillero Ho Chi Minh, porque Kennedy estaba convencido de que el gobierno comunista de Hanoi era una dependencia de la URSS y creía sinceramente que la victoria era determinante para los intereses geopolíticos de los Estados Unidos en el Asia, aunque a diferencia de sus antecesores, proyectaba hacer de Vietnam del Sur una nación en el sentido político, económico y militar, que pudiese derrotar a los guerrilleros comunistas sin poner en riesgo vidas de norteamericanos.

Para la victoria militar, Estados Unidos debía potenciar a Saigón y hacerse de la vista gorda ante el autoritarismo del gobierno survietnamita. Para la reforma, Estados Unidos debía presionar a Saigón y debilitarlo frente a Hanoi. Era un círculo vicioso que demandaba permanente incremento de recursos y personal. Cuando JFK asumió la Presidencia, había en Vietnam 900 norteamericanos. En octubre de 1963, había más de 16.000. Las bajas también eran crecientes, pero la suerte de la guerra no había cambiado. El Presidente Ngo Dinh Diem era cada vez más impopular, pero era el único que podía enfrentar la agresión comunista. En medio de un complot, Diem fue asesinado y el poder político en Vietnam quedó desarticulado a veinte días de lo que sería el mayor magnicidio de la historia en el siglo XX.

Kennedy, era un amigo leal de los americanos de origen hispano. El 18 de noviembre de 1963 JFK cumplió otro de los postulados de su programa americanista y encabezando una caravana de ocho kilómetros de largo, ingresó a la ciudad de Tampa-Florida, donde declaró la igualdad de derechos entre los ciudadanos nacidos en los Estados Unidos y los que obtuvieren la nacionalidad estadounidense, invocando a un cambio en la política de inmigración.

John F. Kennedy fue el gran protector de los afroamericanos, de los derechos de las mujeres, de los más vulnerables y de los latinos que llegamos a los Estados Unidos en pos del sueño americano. Por eso nos duele tanto su partida. Nadie duda que hubiera sido reelecto en 1964. La suerte de los latinos en Estados Unidos pudo cambiar para siempre, pero una obscura conspiración lo impidió aquel fatídico 22 de noviembre.

He seguido el itinerario de la vida de Kennedy y su paso a la gloria. Y sostengo que todo fue tan extraño en el asesinato de Dallas y son tantas las interrogantes nunca aclaradas, que no resulta creíble el informe de la comisión investigadora a cargo del Presidente de la Corte Suprema de Justicia, Earl Warren. Ese informe se sostiene en la hipótesis del asesino solitario, Lee Harvey Oswald, lo que resulta inaceptable a estas alturas de la Historia. Más, por hidalguía, reconozco que Earl Warren fue un hombre de solvencia moral y que el Fiscal General, Robert Kennedy puso el mayor de los empeños para descifrar aquel enigma.

JFK fue el personaje emblemático de la democracia en medio de la Guerra Fría, espíritu tenaz en cuyo tiempo vital se reflejaron los mejores sueños de una generación que casi tocó el cielo con las manos en la búsqueda de nuevas fronteras. La era de los nuevos ideales; la generación de los jeans, las minifaldas y el rock and roll, de la gente auténtica que miraba confiada al porvenir, creyendo posible diseñar un mundo nuevo perfilado en el bastidor de la libertad con los materiales de la justicia, la inclusión, el derecho y el amor. Al partir a la eternidad, nadie pudo llenar el vacío que Kennedy dejó.

Si Kennedy definió las nuevas fronteras en la conquista del espacio a partir de los años 60, el presidente debe perfilarlas ahora en la conquista de la justicia social, los derechos civiles y el desarrollo humano asegurando la paz en el mundo, extirpando las amenazas del narcotráfico, el terrorismo, la exclusión social y la falta de oportunidades. La posta ahora pasa a las manos de Barack Obama, llamado por la historia a recuperar los valores de América. ©

......If Kennedy defined the new frontiers in the conquest of the space during the 60's, the new president must outline them in the conquest of social justice, the civil rights and the human development assuring peace in the world, extirpating the threats of the drug trafficking, the terrorism, the social exclusion and the lack of opportunities. The torch passes to the hands of Barack Obama, called by history to recover the values of America. ©

CAPÍTULO 2

JOHNSON, el vía crucis
de Vietnam

La vorágine de la Guerra de Vietnam, la percepción de que las fuentes de combustibles fósiles empezaban su lento agotamiento, las rebeliones de los jóvenes, el movimiento hippie, el inicio de una epidemia de drogas alucinógenas, una crisis económica inesperada con epicentro en el Medio Oriente, la guerrilla comunista en Latinoamérica y todos esos factores combinados con los intereses de *trusts* enquistados en Washington amen de otros factores sociales perturbadores afectaron a cuatro gobiernos sucesivos en el lapso de 16 años, comenzando con el de Lyndon B. Johnson, sucesor de Kennedy.

Johnson, un protestante que había conocido la pobreza en el medio rural donde creció, se pagó sus estudios, trabajó como jardinero, portero y maestro de escuela en la frontera con México. Enseñó oratoria ayudó en la campaña de candidato a representante, con quien se fue a Washington donde tuvo éxito al incluirse en los vericuetos de la política. Fue leal seguidor de Roosevelt, asumió un cargo público en Texas, se casó con Claudia Alta Taylor, hija de un hombre de negocios, quien auspició su ingreso al Congreso donde fue reelecto durante 27 años consecutivos para convertirse en 1960 en Vicepresidente de los Estados Unidos.

Kennedy imprimió un perfil social a su administración y Johnson acentuó esa tendencia. Logró que el Senado, de mayoría republicana, apruebe la más progresista Acta de Derechos Civiles de la historia americana, integrando a todos --blancos, afroamericanos, hispanos, asiáticos--, en los servicios públicos, restaurantes, hoteles, gasolineras o sitios de recreo. Se acabó la discriminación laboral. Las minorías tuvieron acceso al voto, la educación y la justicia. Para equilibrar las acciones Johnson redujo los impuestos para estimular la producción. Los hombres de empresa, que tradicionalmente no profesan simpatías por los demócratas, se expresaron abiertamente confiados en el Señor Presidente. Una ola de entusiasmo alentó al país de modo que en noviembre de 1964 no le fue difícil derrotar a un reaccionario Barry Goldwater con la mayor diferencia de la historia americana, alrededor de quince millones de votos.

En 1964, el gobierno federal clausura el programa de trabajadores agrícolas que había permitido el ingreso libre de millones de hispano-americanos desde 1942, que generó una gran comunidad hispana en los Estados Unidos pero también ayudó a convertir las tierras del sur en los más productivos del mundo. El programa había permitido desarrollar formas de explotación que la administración Johnson quiso corregir, aunque por otros motivos se toleró la presencia masiva de cubanos, sobre todo en el Estado de Florida, pues al extinguirse el derecho a la propiedad en Cuba, continuó el éxodo hasta integrar una colonia de medio millón de cubanos, la más numerosa después de la mexicana y la portorriqueña. Los cubanos imprimieron su fisonomía cultural a ciudades como Miami.

El aporte de los hispanos fue notable también en esos años en la Guerra de Vietnam, que empezó a engullir los mejores propósitos del renovado mandato del Presidente Johnson. Tras un golpe de estado tomó el poder Nguyen Khan, cuyas exigencias de ayuda militar a Estados Unidos fueron en aumento. Al concluir 1964 llegaron los primeros contrastes. Helicópteros americanos derribados. El pueblo de Binh Gia se convirtió en un símbolo luego de que fuera tomado por el Vietcong. Saigón envió un destacamento que fue diezmado. Saigón contabilizó quinientas bajas, tras lo cual desató una ofensiva múltiple con abierto apoyo militar americano, que deparó victorias en varios lugares.

Pero el 7 de febrero de 1965 los comunistas cayeron sobre la base americana de Pleiku, destruyendo diez aviones, veinte helicópteros, matando ocho oficiales americanos e hiriendo a otros 126. Era la primera sangre americana derramada. La reacción fue el bombardeo de diversos objetivos, por primera vez en Vietnam del Norte. *"Es nuestra respuesta a las provocaciones ordenadas y dirigidas por el régimen de Hanoi"*, declaró el Presidente Johnson a tiempo de ordenar el repliegue de las familias de militares destacados en Vietnam.

Los muertos americanos aumentaron. En marzo, el Secretario de Defensa, Robert McNamara declaró que las tropas americanas sumaban 27.000 y estaban listos otros 50.000. El conflicto era imparable.

Sin aliento tras las feroces batallas en el sudeste asiático, Lyndon Johnson prefirió volver la mirada a casa. Si Roosevelt patentó el *Nuevo Trato* y Kennedy la *Alianza para el Progreso*, Johnson propuso la construcción de una *Gran Sociedad* para mejorar la vida de los ciudadanos americanos con el apoyo a la educación, el combate contra las enfermedades, el mejoramiento de la calidad de vida en las ciudades a través del embellecimiento del hábitat urbano, la conservación del medio ambiente, los parques, espacios verdes y lugares históricos. El Congreso observó apenas detalles del programa que entró en vigencia posibilitando una lucha a gran escala contra la pobreza, procurando el desarrollo de las regiones económicamente deprimidas, defendiendo al ciudadano contra el crimen y la delincuencia y allanando los obstáculos contra el derecho al voto. Solo la enmienda al Acta del Seguro Social, que dio paso al Medicare, benefició a millones de personas.

La competencia espacial tomó nuevos bríos. Todo estaba listo para la gran aventura lunar. *Fly me to the moon* fue la canción más entonada en esos meses excitantes; Frank Sinatra era entonces la voz más representativa para la gente de mediana edad, en tanto los jóvenes habían sido conquistados por los ingleses The Beatles.

Los soviéticos se mostraban agresivos en el África alentando movimientos armados, en los que participaba el revolucionario Che Guevara. Mao Zedong iniciaba su Revolución Cultural que llegó a extremos inimaginables de fanatismo y violencia. La música de Beethoven fue prohibida. Las víctimas de la revolución cultural se contaron por millones.

Una sistemática campaña anti segregacionista, paralizó las escuelas de Nueva York, Chicago, Boston, Cincinatti y Cleveland. La movilización fue especialmente radical en la Universidad de Berkeley, la más revolucionaria de los Estados Unidos. Surgió la organización llamada Nación Islámica donde se reveló Malcolm X con un discurso radical, sosteniendo en una guerra a muerte con los blancos y el menosprecio a líderes como Martín Luther King cuya doctrina era pacifista. Traicionado por su propia organización Malcolm X fue asesinado a tiros en Nueva York.

Alabama fue centro de disturbios luego de que manifestantes afro americanos fueron atacados por policías con gases y cachiporras. El Presidente Johnson trató de convencer al Gobernador Wallace de la necesidad de pacificar el Estado y permitir las marchas, pero ante su negativa debió emplear tres mil guardias nacionales. En junio el Dr. Martín Luther King encabezó una gran marcha pacífica en Chicago.

En 1965 el Gral. Nguyen Cao Ky derrocó al Presidente Khan, y declaró el estado de guerra en todo el país. En 1966 los bombardeos americanos se acercaron a Hanoi y la frontera china, pero las armas que recibió Ho Chi Minh de la URSS y China repelieron los ataques cada vez con más bajas americanas y pérdida de aviones. Ya estaban en Vietnam 400.000 efectivos americanos y el costo de la guerra era monstruoso. Washington propuso ante las Naciones Unidas el retiro de las tropas americanas a condición de que Hanoi hiciera lo mismo, pero Moscú y Pekín lo rechazaron. Continuó la destrucción masiva de industrias, puentes, vías férreas y el uso de *napalm* se hizo rutinario. El Secretario General de la ONU propuso un plan de paz que también fue rechazado. Al empezar enero de 1967, Estados Unidos reconoció la pérdida de cinco mil efectivos, más de 30.000 heridos y más de 1.800 aviones.

La oposición en Estados Unidos contra la guerra se expresó con violencia y de nuevo salieron a las calles los estudiantes de Berkeley. El 13 de abril de 1967 se registró la más importante marcha que movilizó a cientos de miles en Nueva York y San Francisco. El Dr. Luther King propuso la unificación de los movimientos por los derechos civiles y los movimientos anti-bélicos para oponerse al reclutamiento. Hubo también marchas en apoyo a los soldados en Vietnam. En tanto los jóvenes hippies empezaron a reunirse en San Francisco para entregarse al amor libre, las drogas y el rock como expresiones anti bélicas.

El verano de 1967 fue infernal con incidentes en unas diez millas cuadradas en Newark con saldo de 26 muertos, 1.500 heridos y 1.400 arrestos. Otra revuelta en Detroit provocó 43 muertos, más de 2.000 heridos y unos 5.000 detenidos. 1.500 almacenes fueron arrasados y 5.000 personas quedaron sin vivienda luego de los incendios. Los disturbios se propagaron en 120 ciudades y los muertos pasaron del centenar. Delegados de 200 organizaciones de activistas negros, estudiantes, veteranos de guerra y activistas de izquierda asistieron a la Convención New Politics en Chicago, convocando a un cambio revolucionario y la resistencia al reclutamiento militar. El 21 de octubre 150.000 personas marcharon hacia el Pentágono en una manifestación anti bélica. Los llamados "Ejércitos de la Noche" fueron reprimidos por la policía y 650 fueron arrestados. Demostraciones similares se hicieron en otras ciudades y universidades y por primera vez una mujer americana, Florence Beaumont de 56 años, se quemó viva en protesta por la participación de los Estados Unidos en Vietnam. Algunos analistas empezaron a mencionar la posibilidad de una nueva guerra civil.

Y cuando menos el mundo lo necesitaba, explotó la llamada Guerra de los Seis Días, cuando los ejércitos egipcios, jordanos y sirios fueron derrotados por Israel que tomó la península de Sinaí y la ciudad de Jerusalén

Entretanto una escalada subversiva se desarrolló en América del Sur. El 23 de marzo de 1967, una columna de militares cubanos dio muerte a una patrulla en Bolivia en el inicio de un alzamiento guerrillero comandado por Che Guevara, quien pretendía encender varios Vietnams en América Latina. Los bolivianos se defendieron y en una campaña de seis meses su Ejército acorraló al atacante quien perdió la vida.

Nada frenaba la intensidad de la guerra en Vietnam y al empezar 1968 las bajas americanas, entre muertos y heridos sumaban 150.000. La oposición a la guerra era casi total y Lyndon Johnson, a quien le tocó la fatalidad de atizar el conflicto en los cuatro años precedentes, pretendió la reelección pero fue resistido duramente dentro de su propio partido por una fracción izquierdista liderada por el senador Eugene McCarthy, donde militaba una estudiante llamada Hillary Rodham.

McCarthy haciendo campaña por la paz, dijo *"hay un tipo salvaje en la Casa Blanca y merece ser tratado como tal",* desestabilizando a Johnson en las primarias de New Hampshire. El Presidente que sólo podía aparecer en regimientos militares y ni siquiera pudo presentarse en la Convención del partido al que pertenecía, comprendió que ya no era parte de la historia, sino que la estaba sufriendo, y aun queriendo conservar el poder, se sentía anímicamente incapacitado para intentarlo.

La política desastrosa alentada por elementos belicistas, había marcado a Johnson, dividiendo como nunca antes no sólo al Partido Demócrata, sino a la sociedad norteamericana. El 16 de marzo, Robert F. Kennedy, con el prestigio de su apellido, lanzó su candidatura en un impresionante acto político. El 1° de abril, Lyndon B. Johnson lanzó un dramático mensaje a la nación declinando su postulación a favor de su Vicepresidente Humbert H. Humphrey. 48 horas más tarde, Vietnam del Norte aceptó discutir el fin de la guerra.

El 5 de abril el Dr. Martin Luther King fue asesinado en Memphis, Tennessee por un hampón llamado James Earl Ray y tras su impresionante sepelio la población afroamericana se levantó indignada provocando graves disturbios en 125 ciudades del país que dejaron 47 muertos y centenares de heridos. 60.000 guardias nacionales fueron convocados para controlar la situación y se hicieron más de 21.000 arrestos. La violencia amainó sólo dos meses más tarde, cuando el 4 de junio el senador Robert Kennedy fue asesinado en Los Angeles por Sirhan Bishara, un jordano que dijo haberlo hecho *para vengar por el apoyo americano a los judíos en la guerra árabe-israelí.* Así se cerró un paréntesis sangriento en el que fue suprimida una triple K de hombres con capacidad de cambiar el mundo: J. Kennedy, M.L. King y R. Kennedy.

Coincidentemente el mundo entró en ebullición. Los movimientos de París, Praga y México aunque de distinto signo político, mostraban la presencia crítica de la juventud frente al *stablishment.*

En Estados Unidos, los demócratas quedaron sin candidato luego del asesinato de Robert Kennedy, sacando la cara por su partido H. H. Humphrey, pero cargando el peso muerto de los errores en Vietnam. En esos días hubo una masacre en My Lai aumentando el desprestigio de la administración demócrata. Era el momento de los republicanos y tres candidatos de indudable fuerza pugnaron por la nominación:

el Gobernador de Nueva York, Nelson Rockefeller; el de California, Ronald Reagan, y el ex Vicepresidente Richard Nixon. Se impuso éste último.

En el balance histórico, Lyndon Johnson y Barack Obama comparten pocas analogías. Desde luego pertenecen al mismo Partido Demócrata y comparten iniciativas de corte social muy importantes. Pero no hay identidades en cuanto a su actuación política, y su formación, no sólo porque Obama iba a la escuela cuando Johnson dejó la Casa Blanca, sino porque los valores que ambos encarnan son muy distintos. Johnson era la personificación de la clase política washingtoniana que se mueve entre lobbies y cabilderos, convirtiendo a la función pública en intermediación de intereses personales.

Johnson fue capaz de nadar en esas aguas turbulentas pobladas por escualos de ambos partidos y tuvo éxito, al extremo que los cambios sociales que impulsó el finado John F. Kennedy, casi todos fueron obstaculizados en el Congreso, donde sí los aprobaron en beneficio de Lyndon Johnson porque era uno de ellos. El flamante presidente, deberá llegar con un claro objetivo doméstico: neutralizar el poder instrumental de las camarillas en el Capitolio y la Casa Blanca. Y eso es lo que espera el pueblo norteamericano de la gestión gubernamental de Barack Obama. ©

......Johnson was able to swim in those turbulent waters populated by sharks of both parties and was successful. Barack Obama will have to arrive with a clear domestic objective: to neutralize the instrumental power of the power groups in the Capitol and the White House. And that is what the North American people expect from the governmental management of the new president. ©

CAPITULO 3

NIXON, la paz mundial
y el precio de una mentira

Mientras se agotaba su administración, Lyndon Johnson bajó la intensidad de los ataques americanos en Vietnam alentando conversaciones de paz en París que aceptaron los norvietnamitas.

Johnson terminó su gestión amargado y Richard M. Nixon accedió a la Presidencia culminando su carrera en el servicio público. Candidato en 1960, perdió ante JFK luego de un deslucido debate por TV, pero capitalizó esa experiencia en 1968 arrollando a Humphrey.

El propósito central de la flamante administración fue Vietnam. Nixon tenía cultura política y sabía que no era posible una victoria militar pues su país ya no la quería, de modo que le tocaba clausurar lo que había sido alentado por tres antecesores suyos en la Casa Blanca. Advirtiendo debilidad en Washington, Ho Chi Minh lanzó la mayor ofensiva de esta guerra --la del Minh Tet-- que significó la muerte de unos cuatro mil americanos en los cuatro primeros meses de la administración Nixon para obligarle a la rendición. 38 ciudades sudvietnamitas fueron atacadas y algunas cayeron en poder del Vietcong, como Hué, la antigua capital imperial, Saigón estuvo en riesgo y la embajada americana fue copada por un comando suicida.

Pero Nixon creía en una salida que consistía en acabar la guerra a condición de no entregar a los sudvietnamitas a las venganzas del norte y, a la vez, evitar una humillación al honor nacional. Sin embargo Vietnam del Norte tenía la iniciativa, contaba con armamento ruso, líneas de aprovisionamiento desde los países vecinos, su gente no luchaba a la manera convencional sino en base a emboscadas, se mimetizada en la selva y estaba dispuesta a luchar mil años. Al frente los americanos disponían de superioridad bélica --helicópteros, artillería y bombardeos aéreos--, pero sus informes de inteligencia no funcionaban pese a la sofisticación de sus equipos; la moral combatiente era baja y el soldado vivía enervado, odiando la guerra.

El Presidente Nixon tenía una carta que desplazó temporalmente a los conflictos internacionales. El 16 de julio de 1969, desde Cabo Kennedy, la NASA lanzó al espacio el cohete Saturno V que impulsaba a la nave Apolo 11 donde estaban los astronautas Neil Armstrong, Edwin Aldrin y Michael Collins, todos de 39 años. Tres días después la nave se posó en la superficie lunar y Armstrong abrió la escotilla se asomó a la puerta, abrió la lente de la cámara, puso el pie derecho en la Luna, luego el izquierdo y dio el primer paso. *"Es un paso pequeño para un hombre, pero un avance enorme para la humanidad"*, comentó de manera espontánea. En la Tierra la humanidad celebró el acontecimiento. Las nuevas fronteras empezaron a franquearse aquel día.

Washington debía trabajar por mantener una paz aunque precaria en el Medio Oriente, no sólo por el potencial petrolero de la región, sino también por su decisión de sostener a su aliado Israel, amenazado permanentemente por los países del entorno. En 1970 Egipto decidió una vez más atacar a Israel cuya respuesta fueron ataques aéreos masivos sobre territorio egipcio. La URSS intervino instalando defensas antiaéreas y unos 15.000 rusos actuaron allí como asesores. Pero la muerte de Nasser desorganizó las fichas. Yasser Arafat, contando con el apoyo del mundo árabe y musulmán, se instaló en territorio jordano, organizando un Estado dentro de otro. La Organización de Liberación Palestina secuestró aviones de bandera internacional y los llevó a Jordania, generando un conflicto para el rey Hussein cuyo Ejército expulsó a la OLP. Siria salió en su defensa y atacó Jordania e Israel movilizó su propio Ejército. Una nueva crisis explotó en la región. Nixon decidió cortar por lo sano y decretó el desplazamiento naval masivo advirtiendo que no toleraría ninguna intervención exterior. La URSS recibió el mensaje y se abstuvo. Siria se retiro y la crisis acabó.

Pero ello no solucionaba el verdadero fondo de un grave problema de los Estados Unidos, que era el petróleo del Medio Oriente y la forma de vida de los americanos. El automóvil se había convertido en elemento familiar indispensable, en la mayoría de los casos personal. Estados Unidos, con el 6% de la población mundial, consumía el 33% de la producción energética de todo el mundo y producía la cuarta parte de los bienes de consumo en el planeta. Pese a ello, el modelo americano entró en depresión, con un crecimiento nulo de la economía, ocasionando inflación y desempleo. Buscando reactivar la economía el Presidente Nixon abandonó el patrón oro para bajar su valor y devaluó el dólar en un 8% creando un sentimiento de incertidumbre económica y política en el mundo, aunque aliviando la presión interna al bajar el precio del petróleo y ampliar los mercados para la producción norteamericana, aunque sólo postergando el problema central que era la energía.

El otro gran problema seguía siendo Vietnam. A través de Henry Kissinger, el Presidente Nixon informó a Hanoi su decisión de llegar a un acuerdo negociado. En 1970 Nixon redujo la fuerza americana por debajo de 400.000 efectivos y empezaron las negociaciones que se prolongaron porque Hanoi no buscaba otra cosa que la victoria. China y la URSS presionaban.

Pero, ¿qué pasaba entre China y la Unión Soviética que Estados Unidos no acaba de comprender? Sucedía que el Primer Secretario del Partido Comunista de la URSS, Leonid Brezhnev, en la onda de sus predecesores, no soportaba otro centro mundial del comunismo que no sea Moscú y acariciaba la idea de someter a los bien organizados chinos y atarlos a la férula rusa. Se venían registrando escaramuzas en la frontera entre ambos gigantes y los informes reservados que manejaba Kissinger le revelaron finalmente a Nixon que se gestaba una intervención militar rusa en China. Si ello sucedía habría una crisis internacional mayúscula que rompería todo equilibrio. Desde luego Washington no podría correr tal riesgo.

En síntesis, a Moscú le interesaba la paz con Estados Unidos para tener mano libre contra China, mientras China quería una salvaguarda que impida ser atacada por su vecino y camarada ideológico. Nixon hizo una jugada maestra, aunque arriesgada, advirtiendo que los Estados

Unidos no veía con indiferencia un ataque a China y el Departamento de Estado envió a Moscú una declaración puntual y objetiva:

No tratamos de explotar, en nuestro beneficio, la hostilidad existente entre la Unión Soviética y la República Popular. Las diferencias ideológicas entre los dos gigantes comunistas no son de nuestra incumbencia. Sin embargo, no podría dejar de preocuparnos profundamente una intensificación de esa querella, que se convirtiera en una enorme ruptura de la paz y la seguridad internacionales.

De allí partió la *diplomacia triangular* de Nixon y en febrero de 1972 viajó a China para una histórica entrevista con Mao Zedong. Todo fue miel sobre hojuelas. Lo primero que Mao le dijo tuvo fue que no emplearía la fuerza contra Taiwán. Dejó en claro que China no temía un ataque de los Estados Unidos y que la principal amenaza era la URSS. China tampoco desafiaría los intereses americanos en Vietnam, asegurando que sus declaraciones antiimperialistas "eran cañones descargados". Suscribieron un comunicado en términos diplomático-políticos, pero en el fondo expresaban que China nada haría para exacerbar la situación en Vietnam o Corea y, lo más importante, que ni China ni los Estados Unidos cooperarían con el bloque soviético y que ambos se opondrían a todo intento de cualquier país por sojuzgar Asia. En síntesis, Estados Unidos y la República Popular China habían dejado de ser Estados hostiles para convertirse en aliados contra la amenaza soviética.

Nixon volvió a casa sintiendo que había fortalecido la seguridad de los Estados Unidos. Moscú asimiló el golpe y temiendo ser un sándwich entre sus dos rivales, tres meses después, en mayo de 1972, Estados Unidos y la Unión Soviética epilogaron exitosamente una serie de reuniones bilaterales, reuniéndose Nixon y Brezhnev en Helsinski para suscribir los acuerdos SALT-I (Strategic Arms Limitation Talks), "para limitar el incremento del potencial nuclear y compartir una política de distensión permanente, viable y de alcance universal, comprometiéndose a cooperar en los campos de la economía, la ciencia, la técnica y el medio ambiente". El clima político mejoró y la Guerra Fría pareció diluirse.

La victoria internacional del Presidente Nixon, sumada al buen momento de la economía se reflejó favorablemente para él en ese año electoral de 1973. En el cenit de su popularidad su reelección resultó sencilla. Prácticamente no tuvo adversario en el Partido Republicano. Hubo entre los demócratas un enfrentamiento ciego entre quienes competían por mostrarse más izquierdistas y allí se impuso la figura ya desgastada del Senador George McGovern. En las elecciones de noviembre, Richard M. Nixon obtuvo el 61% de los votos contra el 37% McGovern, de manera que en el Colegio Electoral, Nixon sumó 520 electores contra 17 de su oponente.

Ya reelegido Nixon, el Secretario de Estado Kissinger anunció el fin de la Guerra de Vietnam y Nixon se preparó para acceder a la historia con las mejores credenciales, cuando un tema inesperado empezó a ensombrecer su desempeño. Nadie podía esperar que un Presidente de los Estados Unidos mintiera. Hasta entonces se pensaba que quienes ocupaban la Casa Blanca debían ser ciudadanos moralmente impolutos y temerosos de Dios; uno podía esperar de ellos brutal sinceridad, inclusive cinismo al usar procedimientos despiadados por causas nobles, pero nunca las trapisondas que suelen ser corrientes entre los gobernantes --presidentes o dictadores-- de países latinoamericanos.

Pero durante la campaña por la reelección, la noche del 17 de junio de 1972 cinco hombres con apariencia de agentes secretos, las manos enfundadas en guantes de cirujano, llevando equipo fotográfico y micrófonos fueron sorprendidos en las oficinas del Comité Nacional del Partido Demócrata, en el complejo Watergate de Washington. Cuatro meses después, dos periodistas del Washington Post, Bob Woodward y Carl Bernstein revelaron acciones ilegales contra el Partido Demócrata por parte del Comité de Reelección de Nixon, empezando a desarrollar una historia que se convirtió en el mayor escándalo político de la historia americana. Watergate creció sin pausa con las sucesivas revelaciones de Woodward y Bernstein, a quienes entregaba información privilegiada alguien en los altos círculos, identificado como *Garganta Profunda*. Cada nuevo aporte golpeaba el prestigio de Nixon. Cayó personal de la Casa Blanca, agentes de la CIA, consejeros de seguridad del mandatario.

Nixon confiaba en que una rápida solución a la Guerra de Vietnam y el retorno de los soldados iba a favorecerle ayudando a remontar el incómodo asunto. El 27 de enero de 1973 se suscribieron los Acuerdos de Paz de París (que le iban a significar a Kissinger el Premio Nóbel de la Paz), pero en la redacción de los acuerdos Saigón fue excluido ante el apuro de Estados Unidos. Los puntos centrales eran alto al fuego, salida de las fuerzas americanas en 60 días, intercambio de prisioneros y celebración de elecciones libres en Vietnam del Sur. Saigón había sido traicionada. Desencantado, el gobierno de Thieu se negó a convocar a elecciones y decidió seguir luchando contra el Vietcong que no iban a perder en mesa lo que habían conquistado con las armas. Estados Unidos dejaría de gastar más de ocho mil millones de dólares anuales y pacificaría los ánimos de los americanos, que empero se desfogaban ya con el caso Watergate.

En marzo de 1973 dimitieron altos funcionarios del gobierno y Nixon aceptó su responsabilidad en Watergate, aunque no la culpa. Cintas magnetofónicas de la oficina presidencial complicaron su situación al negarse a entregarlas. Los medios divulgaron la posibilidad del *impeachment*, es decir el proceso por incapacidad para ejercer la Presidencia. Para complicar el panorama el Vicepresidente Agnew fue acusado de evadir impuestos y recibir sobornos, desplomándose la figura del segundo hombre, designándose en su lugar al líder de la minoría en la Cámara de Representantes, Gerald Ford.

Mientras se procesaba el último capítulo de Watergate el Medio Oriente ofreció un respiro a Nixon. Egipto y Siria atacaron a Israel, iniciando otra guerra conocida como la de Yom Kippur, probablemente la más sangrienta y destructiva en comparación con las anteriores, en la que los árabes combinaron la acción militar con un arma desconocida e inesperada: el petróleo.

Dos gobernantes pro-americanos, el Rey Faisal de Arabia Saudita y Anwar Sadat, Presidente de Egipto, habían pactado en secreto la utilización del petróleo contra los países que apoyen a Israel. Hubo un aumento unilateral del 17% en el precio del petróleo, elevándolo hasta $us. 3,65 por barril del crudo, anunciando además cortes de suministros. El embargo afectó a Estados Unidos, junto al obvio boicot a Israel. El 5 de noviembre de 1973 se anunció un recorte del 25% en la producción, golpeando a los países industrializados con el inicio de un proceso inflacionario y recesión global, obligando al Presidente Nixon a imponer controles en los precios de los combustibles y derivados, así como otras medidas de emergencia.

Aunque egipcios y sirios lucharon mejor que nunca, los israelíes llegaron a las inmediaciones de El Cairo y de Damasco, pero la fuerza militar israelí, lejos de solucionar problemas, los complicaba. El 9 de diciembre los gobiernos de los países árabes productores de petróleo anunciaron un nuevo recorte a la producción de crudo a partir y una reducción de exportaciones a los países no-amigos.

Con buena parte del territorio egipcio bajo control militar israelí, y ante la indiferencia de la URSS, Anwar Sadat entendió claramente que sólo la influencia de Washington permitiría restaurar los límites previos a Yom Kippur y luego buscar la paz en la región. Abandonó el enfoque militar y recurrió a la diplomacia, lo que tuvo favorable incidencia con relación al petróleo. El 25 de diciembre los Ministros de Energía de los países árabes productores de petróleo cancelaron la reducción y aumentaron la producción. La distensión árabe-israelí se impuso y en marzo se puso fin al embargo petrolero.

Fue para Nixon una pequeña victoria en comparación con lo que se le venía encima. El desenlace del caso Watergate se escenificó a lo largo de tres meses, lapso que le pareció una eternidad. Siete hombres del Presidente fueron condenados a penas de cárcel por perjurio y conspiración para obstruir la Justicia. Acusado de encubrir los hechos, Nixon se excuso de testificar ni presentar prueba argumentando enfermedad.

Trató de subsistir políticamente, publicando una versión de las conversaciones grabadas en la Casa Blanca que se convirtió en un best seller. Pero el Comité Judicial de la Cámara de Representantes inició el proceso de *impeachment*. Agotado, con los nervios destrozados, el 4 de agosto reconoció haber tratado de encubrir los hechos de Watergate, además de utilizar a la CIA para desinformar al FBI en las investigaciones. La confesión, en lugar de conmover a la opinión pública, la acabó de compactar contra el Presidente, pulverizando el último bastión de apoyo de los republicanos más leales.

Sin más sostén que su esposa Pat, con la amenaza de su incapacitación, sintiéndose acorralado y sin salida, la noche del 8 de agosto de 1974 leyó su renuncia por televisión. Al día siguiente Richard Nixon dejó la Casa Blanca y antes de abordar el helicóptero presidencial se volvió a los periodistas que cubrían la extraordinaria escena, levantó los dos brazos e hizo la doble V de Victoria que fue uno de los símbolos de sus campañas electorales. Luego se perdió en el horizonte más allá del río Potomac. ©

CAPÍTULO 4

FORD, un puente
entre el poder y la caída

Juró el Vicepresidente Gerald R. Ford, quien jamás lo había siquiera imaginado. Le tocó ser un puente entre un mandatario lúcido en política internacional pero desprestigiado y otro con el que Estados Unidos expiaría las culpas de la clase política. Ford tenía reputación de hombre honesto, pero debía demostrar un cambio en la Casa Blanca, comenzando por el gabinete, conservando sólo al Secretario de Estado, Henry Kissinger y al Secretario de Hacienda, William Simon. Por primera vez en la historia, un afroamericano, William Coleman, ingresó al Ejecutivo como Secretario de Transportes.

A Gerald Ford le tocó la triste misión de ver desde la Casa Blanca, el desplome total de Vietnam --sin honor nacional-- y de una política equivocada en esa parte del mundo, que se prolongó durante un cuarto de siglo. Aunque había empezado su interinato prometiendo mantener la ayuda económica a Saigón, las contingencias por la crisis petrolera y la inflación hicieron imposible cumplir esa promesa y la ayuda terminó, de modo que el gobierno de Thieu enfrentó el capítulo final sólo. Ello alentó a Hanoi para completar su faena, duplicando el número de sus combatientes, habilitando pistas aéreas y caminos de penetración hacia el sur en la perspectiva del ataque final.

Las fuerzas de Thieu empezaron a replegarse en desbandada a partir del 1° de marzo de 1975. Las ciudades sudvietnamitas fueron cayendo una a una, los soldados huían entre la multitud despavorida. Tratando de retrasar el colapso, Saigón decretó la movilización total, pero todo fue inútil, nadie fue capaz de concertar una defensa y el caos se apoderó de todo el país. Simultáneamente Camboya fue tomada por los comunistas, el presidente pro-occidental, Lon Nol abandonó el país y el 12 de abril el Khmer Rouge ingresó triunfante en Phnom Penh, de donde fueron evacuados en helicópteros medio centenar de miembros de la embajada americana, 40 periodistas y algunos funcionarios del gobierno camboyano. Tomó el poder Pol Pot instaurando una sangrienta dictadura que eliminaría a millones de camboyanos pretendiendo destruir "la degenerada civilización de las ciudades". Fue una masacre sin nombre que eliminó al 20% de la población y se prolongó por varios años.

Se abrió el abanico final para luchar por las provincias del sur mientras Saigón imploraba a Estados Unidos por apoyo aéreo que jamás llegó. En su desesperación intentó negociaciones con los comunistas que Hanoi condicionó a la salida de Thieu, quien renunció el 21 de abril, asumiendo el poder el Gral. Doug Van Minh. Pero los comunistas una vez más se negaron a negociar lo que ya estaba alcance de sus manos: la victoria final.

A las 00 horas del 29 de abril, carros de combate y unidades de infantería avanzaron sobre la capital desde todas las direcciones. Los soldados llevaban cintas rojas como distintivo. El gobierno ordenó *"defender hasta la muerte, hasta el final, la porción de la tierra que nos queda"*. Era una misión imposible. En la tarde de ese día los blindados y unidades de ataque llegaron a Saigón provocando un sentimiento generalizado de pánico. La resistencia desesperada fue aplastada.

La toma de la ciudad se prolongó durante toda la noche mientras la gente trataba de huir por cualquier medio. Enterado de los acontecimientos minuto a minuto, el Presidente Ford ordenó le evacuación de los últimos marines y el personal diplomático que permanecían en la embajada norteamericana. La salida del último helicóptero fue dramática. En tierra quedaron desesperados ex funcionarios del gobierno sudvietnamita conscientes de que ya no tenían escapatoria ante el avance de las tropas atacantes que fueron tomando el control de calles y avenidas, los cuarteles militares y policiales, los edificios públicos y al final penetraron el palacio presidencial en cuyo despacho permanecía Van Minh.

- *Los esperaba para transferirles el gobierno-, dijo el General tratando de conservar la dignidad.*
- *Usted no tiene nada que transferir. Puede rendirse incondicionalmente-, le respondieron.*
- *Era la caída de Saigón.*

1.250.000 vietnamitas habían muerto en la guerra; también unos 57.000 americanos. Los heridos eran incontables y nadie pudo precisar con exactitud cuántos desaparecieron y cuántos fueron internados en prisioneros comunistas y jamás volvieron. El aporte de los hispanos fue notable, más de ochenta mil combatieron contra el Vietcong, como fue el caso del General del Ejército Americano John Tudela, un militar de origen boliviano, o el sargento Juan J. Valdéz, el último soldado evacuado de Saigón. Ha quedado para el record del Ejército Americano que en Vietnam uno de cada tres soldados heridos y uno de cada cinco muertos fueron hispanos.

Estados Unidos había gastado 141 mil millones de dólares en 14 años de conflagración. Por primera vez en su historia, Estados Unidos había sufrido una derrota. Por primera vez también los norteamericanos sufrirían las consecuencias de una guerra perdida, traducidas en recesión, inflación, desempleo, economía en caída lo mismo que la moral. Cuando el Presidente Ford inauguró los actos por el Bicentenario de la Independencia de los Estados Unidos de América y dijo que *"los Estados Unidos son un poder militar que está a la vanguardia del mundo libre"*, recibió un sonoro abucheo de miles de americanos presentes en la ceremonia.

Mientras largas filas de automovilistas se formaban en las gasolineras, la política monetaria tuvo que restringirse para controlar la inflación. Ford buscó soluciones a las crisis energéticas, incurriendo en un jocoso error cuando se imprimieron 4,8 mil millones de cupones de racionamiento de gasolina que costaron millones de dólares; nunca se las usaron y su almacenamiento costó otros once millones de dólares.

Sin embargo el meollo de la crisis estaba en los países petroleros del Medio Oriente y para ello fue necesario acercarse a Egipto e Israel, ayudar a ambos económicamente y lograr que acepten una tregua pacificando la región. Y siguiendo el libreto dejado por Nixon, el Presidente Ford ratificó con Leonid Brezhnev el Tratado SALT y la Conferencia de Seguridad Europea.

La OPEP llegó a triplicar el precio del petróleo y los países productores acumularon extraordinarias ganancias en petrodólares que rebasaron su capacidad de compra. Al no saber en qué invertirlos los colocaron en bancos de occidente, generando una inagotable disponibilidad de recursos financieros a los que accedieron los países no desarrollados, en la génesis de una crisis posterior, la deuda externa, que más tarde los agobiaría.

Fue grande el esfuerzo norteamericano por contener el déficit presupuestario, pero los efectos del embargo petrolero habían hecho estragos en la economía al haberse triplicado el precio real del crudo, acelerando una etapa económica negativa en Estados Unidos que se prolongaría por mucho tiempo, pese a que su capacidad de producción estaba intacta.

Ford, que entre tanto entretenía a los periodistas con tropiezos, resbalones y caídas espectaculares, vivió dos experiencias duras cuando salvó la vida en sendos intentos de asesinato, el primero en Sacramento, cuando una seguidora del psicópata Charles Manson le salió al encuentro armada de un Colt 45. Dos semanas después, otra mujer disparó al mandatario en un hotel de San Francisco.

La volátil situación en el Medio Oriente generó un capítulo inédito cuando el 27 de junio de 1976 un comando palestino reforzado por terroristas alemanes, secuestraron un avión de la línea Air France en vuelo Tel Aviv–París, desviándolo a Entebbe, capital de Uganda, donde los esperaba el presidente vitalicio Idi Amin Dada, un sujeto trastornado. Los secuestradores hicieron conocer sus demandas: los 258 rehenes a cambio de la liberación de 53 terroristas presos en Israel y Kenya. El gobierno israelí, que había preparado comandos especiales para enfrentar situaciones semejantes, decidió llevar a cabo un operativo de rescate.

Dos Hércules C-130 partieron el 2 de julio rumbo a Uganda, a 3.200 kilómetros de distancia. Un Boeing convertido en hospital aterrizó en la vecina Kenya y un segundo Boeing se mantuvo en el aire para coordinar las comunicaciones. Los aviones tomaron la pista y los comandos israelíes se movilizaron rápidamente, redujeron a los adormilados guardias ugandeses, penetraron a la terminal donde los sorprendidos terroristas fueron aniquilados. Los rehenes fueron embarcados en los Hércules junto a los comandos que regresaron a Israel. Todo se resolvió en 53 minutos, la fuerza de rescate perdió sólo a su comandante y murieron tres rehenes en medio del combate. Idi Amin montó en cólera, pero todo era inútil. El desprestigio de su dictadura quedó una vez más en evidencia y dos años más y tarde sería derrocado y obligado a huir.

1976 traía para los Estados Unidos una promesa de cambio. Las campañas por la nominación presidencial fueron muy disputadas. Un alicaído Partido Republicano experimentó sin embargo un durísimo enfrentamiento entre el Presidente Gerald Ford y el ex gobernador de California, Ronald Reagan, perdiendo éste por estrecho margen. Todas las encuestas apostaban a una victoria del Partido Demócrata donde, por paradoja, no quedaban más que figuras que se habían consumido a sí mismas luchando contra la guerra de Vietnam y nada nuevo podían ofrecer. Hasta que apareció James Carter, ex gobernador de Georgia, más conocido por ser la cabeza de un emporio de cacahuates, quien no pertenecía a la clase política washingtoniana. Al empezar la campaña por la presidencia, Carter gozaba de una intención de voto del 64%. Cuando cantaron las urnas, Ford perdió por sólo 2 puntos. ©

CAPÍTULO 5

CARTER, expiando los pecados del triunfalismo

Llegaba a la Presidencia de los Estados Unidos un hombre venido del *deep south*, nacido en 1924 en Plains, un pueblito de Georgia. Demostró constancia en el aspecto religioso y durante su vida pública habló como un predicador del Evangelio y fue hombre profundamente piadoso. Sus biógrafos señalan que oraba varias veces al día y que su vida política se inició como miembro de la comisión escolar de Plains, desde donde se catapultó en 1962 al Senado de su natal Georgia. Quiso optar por un puesto en la Cámara de Representantes de los Estados Unidos en 1966, pero abandonó ese proyecto para buscar la gobernación de Georgia, que concretó en 1970 y leal a sus convicciones cristianas, invocó la igualdad de todos los ciudadanos sin importar el color de su piel, lo que mereció expresiones de asombro en un Estado donde el racismo estaba arraigado. Su salto a la Presidencia fue un indicativo del cambio.

Jimmy Carter inició su gobierno con una sobriedad sin precedentes; la nación empezaba a expiar sus pecados. Lo acompañaba en la Vicepresidencia Walter Mondale. Se acuarteló en la defensa de la democracia, anunciando la instauración de una política hemisférica en defensa de los derechos humanos en una clara advertencia para que los gobiernos dictatoriales se preparen para dejar el poder a gobernantes democráticamente electos. La prevención alcanzaba a Argentina, Chile, Paraguay, Uruguay, Bolivia, Brasil, Perú, Ecuador y varios de Centro América como Nicaragua y El Salvador. Pero la mención a Cuba apenas fue perceptible.

El debut internacional de Carter fue para solucionar un problema regional relacionado con el Canal de Panamá. Su construcción fue una obra titánica de inicios de siglo y mediante un tratado pasó a dominio perpetuo de Estados Unidos, pagando una cifra inicial y otras anuales. Los panameños expresaron permanente disconformidad con el Tratado que vulneraba su soberanía, pero la instalación de empresas, industrias, bancos y compañías navieras de todo el mundo, conformaron una sociedad con un standard de vida bastante parecida a la norteamericana. La moneda nacional, el Balboa, se comportaba exactamente cono el dólar en todas las transacciones de Panamá, en cuya capital se construyeron chalets, edificios, bancos, grandes hoteles y desde luego casinos. No copió sin embargo las formas democráticas y la vida política fue sobresaltada con golpes de estado y violencia típicamente latinoamericana. Estados Unidos estableció en Panamá la llamada *Escuela de las Américas*, institución a la que acudían militares del continente para una especie de post grado en represión al comunismo.

El Gral. Omar Torrijos tomó el poder mediante un golpe militar e hizo del Canal una bandera nacional que desplegó a nivel internacional, lo que tuvo efecto al llegar Carter a la presidencia y el 7 de septiembre de 1977 Estados Unidos y Panamá acordaron una transferencia progresiva de la soberanía del Canal a través de un nuevo tratado suscrito en la sede de la OEA en Washington por el Jefe del Gobierno de Panamá, Omar Torrijos y el Presidente de los Estados Unidos, Jimmy Carter, teniendo como testigo principal al Secretario General del organismo interamericano, Alejandro Orfila y presidentes de países hemisféricos. El Tratado acordaba la transferencia definitiva del Canal a Panamá al concluir el siglo, asegurando una buena administración.

Las prevenciones de Carter a los gobiernos militares sudamericanos generaron reacciones distintas. Los regímenes de Chile y Argentina estuvieron a punto de iniciar una guerra por el Canal del Beagle, que la detuvo en el último minuto el Cardenal Antonio Samoré, enviado por el Papa. En Bolivia el Gral. Banzer convocó a elecciones y el país perdió el rumbo a tal punto que entre 1978 y 1982 experimentó once gobiernos distintos en medio de matanzas.

El Presidente Carter reunió a los gobernantes de Egipto e Israel para intentar la paz en el Medio Oriente y lo hizo estimulado por una sorprendente iniciativa del Presidente de Egipto, Anwar Sadat, quien decidió viajar a Israel y entrevistarse con las autoridades, reconociendo de hecho al Estado judío contra la posición tradicional de los países árabes que repudiaban esa presencia y se habían juramentado para destruirla en una *guerra santa*. Sadat sabía que su iniciativa sería mal vista por los países árabes, pero confiaba recuperar el territorio egipcio ocupado por Israel y su reconocimiento a un Estado Palestino, lo que establecería bases firmes para la paz en el Medio Oriente.

Carter se puso a la altura de ese reto e Israel, gobernado en ese momento por el derechista Menahem Begín, no pudo resistir la presión americana y aceptó la convocatoria. Las conversaciones se desarrollaron en Camp David entre el 5 y el 18 de septiembre de 1978. Pero Sadat pidió a Carter hacer de correo de las propuestas de Israel y Egipto, evitando negociar cara a cara con Begin, un poco para contentar a sus aliados árabes disgustados por la reunión. Así, el hombre más poderoso del planeta, el Presidente de los Estados Unidos, hizo cada mañana el trayecto en bicicleta de la residencia de Sadat a la de Begín y viceversa. Fue una cumbre entre dos adversarios que sólo negociaron con el árbitro, estando a un centenar de metros uno del otro.

La negociación en bicicleta estuvo a punto de fracasar. Los israelíes nunca antes habían recibido presiones americanas como las de aquellos días. Pero superando escollos se aprobaron los términos de un acuerdo. Israel abandonaría el Sinaí por completo, incluido el desmantelamiento de las colonias instaladas, devolviendo la plena soberanía a Egipto. La zona sería desmilitarizada, manteniéndose sólo un reducido contingente militar egipcio. Se suscribiría un tratado de paz en seis meses. Begín y Sadat firmaron el Acuerdo de Camp David en presencia de Carter. Fue una victoria egipcia, pero el renunciamiento israelí y el esfuerzo político desplegado entonces no fue apreciado por el mundo árabe que rechazó los acuerdos considerando a Sadat un apestado. Sadat fue asesinado un año después por un comando extremista. La paz no llegó al Medio Oriente, aunque Egipto nunca más tuvo roces con Israel.

El punto crítico se estableció en Irán, donde el Sha Reza Pahlevi vivía el final de su reinado remecido por los fundamentalistas shiítas que acaudillaba el Ayatollah Komeini. El Sha y su familia abandonaron el país en enero de 1979 dejando en el poder al Primer Ministro Bakhtiar. El Ayatollah Komeini dejó su exilio y regresó a Teherán siendo recibido por una multitud delirante, anunciando el inicio de una revolución política bajo preceptos religiosos que lucharía contra los *diablos norteamericanos*. Bakhtiar pretendió resistir y tras una batalla sangrienta en la capital, el Ejército fue derrotado y los imanes tomaron el poder empezando una pesadilla que se prolonga aun en el siglo XXI.

Advertido Estados Unidos de que debía entregar al Sha para su juzgamiento, Carter ni lo entregó ni le brindó asilo político, dejando al afligido monarca deambulando en pos de un lugar donde vivir hasta que, padeciendo un cáncer incurable, se le permitió ingresar en una clínica en Nueva York. La noticia inflamó los ánimos de los iraníes que salieron a las calles para maldecir a los americanos provocando estremecimiento en Washington. El Sha debió dejar Nueva York y encontró refugio temporal en Panamá. Tan duro exilio aceleró su agonía.

La Unión Soviética invadió Afganistán y ejecutó al presidente de ese país. Ante la resistencia afgana, Moscú envió una fuerza de 85.000 soldados para mantener el control y Carter decidió *castigar* a los rusos prohibiendo que se les venda trigo, ante el reclamo de los productores norteamericanos y las carcajadas de los jerarcas del Kremlin.

La embajada americana en Teherán fue tomada el 4 de noviembre de 1979 por una turba enviada por el gobierno de los ayatollahs. 90 personas, entre ellas 53 funcionarios americanos quedaron como rehenes. Otra iracunda multitud asaltó la embajada de los Estados Unidos en Pakistán y la incendió matando a dos militares americanos. Y en Libia una multitud ocupó violentamente la embajada americana en Trípoli. Lo que no pudieron hacer ni Hitler ni Stalin, lo hacían bandas de fanáticos y terroristas. Estados Unidos pagaba por sus pecados con la humillación.

Lo de Irán era grave y se pensó que en cualquier momento los rehenes serían decapitados, como lo advertían quienes habían ocupado con armas la embajada americana, entre ellos un joven de barba llamado Mahmud Ajmadinejad, actualmente Presidente de Irán. Seis meses más tarde, Jimmy Carter decidió castigar a Irán rompiendo relaciones diplomáticas e impuso un embargo comercial excepto de alimentos y medicinas, lo que hizo sonreír a los ayatollahs. Entonces Carter asumió medidas más duras, congelando los bienes iraníes en Estados Unidos para indemnizar a los rehenes y pagar las demandas de las empresas americanas perjudicadas en Irán, lo que resultó deplorable para la opinión pública mundial. Las encuestas revelaron que el 63% de los americanos no creían que tales sanciones lograrían liberar a los rehenes. Urgido de algo más efectivo, Carter accedió a una solución militar, tipo Entebbe.

Seis Hércules C-130 llevarían a la fuerza de rescate hasta un lugar del desierto a 400 kilómetros de Teherán. De un portaviones americano en el Golfo Pérsico saldrían ocho helicópteros en los que la fuerza de rescate se trasladaría a Teherán, donde se les unirían fuerzas iraníes pro-americanas en grandes camiones que derribarían la pesada puerta trasera de la embajada tomada. Mientras los iraníes amigos se baleaban con los guardias chiítas, tres helicópteros aterrizarían en la embajada y sus hombres, cubiertos por fuego de los otros tres helicópteros, procederían a rescatar a los 53 rehenes, abordar los helicópteros, retornar al desierto, pasar a los Hércules y salir del infierno iraní, mientras los helicópteros volvían al portaviones. El audaz plan aseguraría la victoria de Jimmy Carter, en momentos en que empezaba la campaña electoral.

Pero todo ocurrió de manera distinta. Partieron de Egipto los Hércules C-130, también los helicópteros, pero cuando atravesaban el cielo iraní evitando los radares enemigos, dos de los aparatos tuvieron problemas mecánicos, uno retornó al portaviones y el otro debió hacer un aterrizaje forzoso. En el desierto se juntaron con los hombres de la fuerza de rescate. Cuando se reabastecían de combustible, otro helicóptero presentó fallas hidráulicas que evitaron que continúe en la operación. El comandante de la fuerza de rescate informó de la situación y Washington le ordenó abortar la operación.

En la tragicomedia de desperfectos y equivocaciones intervino la fatalidad, pues en el desolado desierto apareció inesperadamente un camión con soldados iraníes que se quedaron estupefactos al encontrarse frente a grandes aviones C-130 y helicópteros artillados. Los efectivos americanos decidieron salir lo más rápido posible, pero en el apuro, las hélices de un helicóptero impactaron contra uno de los aviones estallando ambos en llamas, muriendo las tripulaciones y un grupo de infantes, quedando otros quemados pero con vida en el interior del Hércules. Al ser imposible enfriar el aparato decidieron dejarlos, abordar los otros aviones y salir de allí. Los abandonados seguramente sufrieron un vía crucis. Los ayatollahs mostraron al mundo las huellas de la invasión del *Gran Satán*, justificaron la toma de rehenes a los que desperdigaron en diferentes lugares de reclusión para evitar otro intento de rescate, que ya no estaba en la mente de Carter tras el estrepitoso fracaso del que se responsabilizó personalmente.

Aunque Carter pudo suscribir el Tratado de Limitación de Armas Estratégicas, SALT II, sufriría las expresiones de un mundo que pareció perder la cordura. Estados Unidos debió cerrar definitivamente su embajada en Libia. En Afganistán estalló una huelga general contra la presencia soviética y las movilizaciones anti rusas fueron respondidas con metralla muriendo 140 estudiantes. En señal de repudio el Presidente Carter pidió a los deportistas americanos no participar en los Juegos Olímpicos de Moscú. En La Habana más de once mil cubanos tomaron la Embajada del Perú y allí se apiñaron solicitando asilo; el régimen de Fidel Castro permitió su salida desde el puerto de Mariel rumbo a Estados Unidos, aprovechando para despachar también a reos comunes de las cárceles cubanas, aunque no los presos de conciencia que el régimen mantiene todavía en precarias condiciones.

Las limitaciones armamentistas acordadas por Rusia con los Estados Unidos fueron echadas al cesto de basura y comenzó el rearme soviético, duplicando su arsenal de cabezas nucleares y aumentando su efectivo en medio millón de soldados mientras Estados Unidos rebajaba sus Fuerzas Armadas en un millón y medio de soldados. La debilidad americana motivó un rebrote del expansionismo soviético.

Pese a todo Carter se presentó a la reelección, pero el pueblo norteamericano ya estaba harto de expiar pecados que nunca había cometido. La disputa por la nominación republicana fue enconada, Ronald Reagan volvió a intentarlo y uno de sus principales opositores fue George Bush (padre). En pleno proceso de las primarias partidarias, Bush juró que nunca sería vicepresidente de alguien como Reagan, mientras éste insinuó que de ganar llevaría al segundo cargo al ex Presidente Ford. Las cosas fueron distintas, Reagan ganó la nominación y Bush aceptó ser su compañero de fórmula.

En la recta final por la presidencia, Jimmy Carter empezó a vivir el calvario del fin de un mal tiempo. El desempleo iba en aumento, la crisis petrolera mundial y el casi nulo crecimiento económico generaban una recesión a tono con la patética administración de la política internacional. Reagan soltó una de esas frases de efecto demoledor en los medios: *recesión es cuando tu vecino pierde su empleo, depresión cuando tu pierdes el tuyo y recuperación cuando Jimmy Carter pierde el suyo.*

Los medios contabilizaron día a día el largo cautiverio de los rehenes americanos en Teherán, al ritmo en que iba cayendo el respaldo a Carter. Un show de gala para recaudar fondos para la candidatura de Ronald Reagan, con Johnny Carson como maestro de ceremonias y Frank Sinatra en el cierre, fue el anuncio de la victoria republicana. Reagan ganó por una diferencia de ocho y medio millones de votos sumando 489 electores frente a sólo 49 de Carter, y por primera vez, desde hacía 28 años, el Partido Republicano consiguió mayoría en el Senado.

En ese ambiente de retorno conservador al poder, un joven nacido en Honolulu 19 años atrás, hijo de un economista de Harvard natural de Kenia y de una antropóloga blanca de Kansas, bautizado Barack Hussein Obama, arribaba a Los Ángeles para iniciar sus estudios universitarios. No sospechaba que en menos de tres décadas la Casa Blanca le abriría sus puertas en un momento, como el de ahora, en el que su país necesita de una mano firme para remontar la depresión moral que lo agobia. ©

…Reagan won by a difference of eight and a half million popular votes adding 489 electoral voters against only 49 of Carter and for the first time in 28 years, the Republican Party secured majority in the Senate.

In that atmosphere of conservatives return to power, a young person born in Honolulu 19 years before, son of an economist graduate in Harvard, natural of Kenya and of an anthropologist of Kansas, baptized Barack Hussein Obama, arrived to Los Angeles to initiate his university studies. He did not suspect that in less than three decades the White House would open their door to him, in times like the present, in which our country needs a strong hand to overcome, the moral and economic challenges. ©

Agregado de la Embajada Americana en Bolivia, Robert Perry, Luis Wallpher, Curtis Kamman, Embajador de Estados Unidos en Bolivia, Nishikuke Tateyama Embajador del Japón en Bolivia, Walter Echeverria , Embajador del Uruguay en Bolivia. (1997) Photo M.Wallpher.

Robert Gelbard, Ambassador of United States in Bolivia, Luis A. Wallpher. Photo M. Wallpher (1990).

Carlos Saul Menem, President of Argentina (1989 – 1999), Luis Wallpher.
Photo M.Wallpher.

Gonzalo Sanchez de Lozada, President of Bolivia (1993-1997 2002-2003), Luis Wallpher. Photo M.Wallpher.

Luis Wallpher and Alex Penelas, Ex -Alcalde de Miami Dade. Photo L.Wallpher.

Luis Wallpher, el Ministro para la cooperación francesa en Latinoamérica, Barnier Michael y el Embajador de Francia en Bolivia, Jean
Michael Marloud. Photo M.Wallpher (1997).

Gral. Hugo Banzer Suarez, President of Bolivia (1971-1978 1997-2001), Monica Wallpher, Luis A. Wallpher.

Luis A. Wallpher, U.S. Senator Robert Menendez (1997 Miami).

Luis A. Wallpher, Monica Wallpher, Jaime Paz Zamora, President of Bolivia (1989-1993).

U.S. Congressman Lincoln Diaz Balart and Luis A. Wallpher (Miami 1997).

CAPÍTULO 6

REAGAN, el derrumbe del socialismo

Tras exactamente 444 días de cautiverio, el último de los rehenes americanos en la embajada de Teherán recuperó la libertad el mismo día de la instalación del gobierno de Ronald Reagan. Era el 20 de enero de 1981. Con él llegaba a la Casa Blanca un genuino representante de la idiosincrasia norteamericana. Como su esposa Nancy, él venía de Hollywood. Había nacido en Illinois pero se crió en Dixon. Fue un destacado deportista. Se graduó en Eureka College en Economía y Sociología (1932), pero alternó sus estudios universitarios con la narración por radio, convirtiéndose en el principal relator de béisbol en Chicago, lo que le dio notable popularidad.

Dueño de una voz clara y excelente dicción, además de físico atlético, la Warner Brothers lo fichó e incursionó en el cine, siendo su primera película *Love is on the air*. Lector de libros de historia, política y economía fue atraído muy joven a la política y fue un entusiasta adherente del New Deal de Franklin D. Roosevelt, pero gradualmente fue asumiendo posiciones conservadoras. Se manifestó en contra de la influencia comunista en Hollywood y simpatizó con las candidaturas de Eisenhower y Nixon. El país lo conoció por su discurso anti comunista y la prensa lo llamó *el gran comunicador*.

En 1966 fue elegido Gobernador de California, encontró un Estado en crisis, actuó con total eclecticismo recortando el gasto y subiendo los impuestos, pero al año siguiente cerró con superávit, por lo que bajó los impuestos logrando que California se convirtiera en un paraíso de productividad y bonanza. Logró reelegirse en 1970. En 1968 y 1976 buscó infructuosamente la nominación presidencial republicana pero en 1980 --la tercera es la vencida-- llegaba a la Casa Blanca precedido de su enorme carisma.

El objetivo inicial de su presidencia fue reordenar la economía privilegiando la libertad de las fuerzas del mercado, inaugurando la era neoliberal combinada al rearme militar americano y una política exterior firme frente al comunismo. Fueron las bases de la *revolución conservadora* que Reagan llevó adelante junto a la Primer Ministro británica Margaret Thatcher. Ello coincidía con la línea trazada por el más carismático Papa de todos los tiempos, Karol Wotjila, Juan Pablo II, quien llevaba a todos los confines del planeta el Evangelio y trasmitía encíclicas fundamentadas en dos principios: dejar que los privados produzcan y los gobiernos repartan. Tal combinación provocó un *tsunami* en las obsoletas estructuras ideológicas de los países comunistas.

A menos de tres meses de su posesión, en el momento en que Reagan salía de un hotel y estaba por ascender al automóvil blindado de la Presidencia, apareció un hombre armado con un revólver y disparó seis tiros a corta distancia. John Hinckley Jr., un trastornado mental fue capturado en el lugar, pero hirió al Presidente, al Secretario de Prensa, James Brady, un policía y uno de los custodios del Servicio Secreto. Las secuelas del ataque dejaron en Brady una lesión permanente. Reagan se recuperó.

Siete semanas más tarde, en mayo de 1981, el Papa Juan Pablo II se desplazaba en la Plaza de San Pedro mientras una multitud lo aclamaban. Entre ellos estaba un hombre moreno armado de una pistola. Cuando tuvo a su víctima a pocos metros disparó. Una mancha escarlata empezó a teñir la blanca sotana del Pontífice en medio de los gritos de la gente. El atacante fue reducido. Mehmet Alí Agca, era el agresor, pertenecía a una organización extremista rumana, los Lobos Grises; el tiempo demostró que se trató de una conspiración en la que intervino la KGB y servicios de inteligencia de países del este comunista.

Semanas después, el Presidente de Egipto Anwar Sadat, observaba una parada militar en El Cairo. Compartían la tribuna miembros del gobierno y diplomáticos. Cuando pasaba un escuadrón de asalto del Ejército, inesperadamente sus integrantes se volvieron a la tribuna y empezaron a disparar matando a Sadat, sus ministros y varios embajadores, salvándose de milagro el de Bolivia. Fue una conspiración de grupos extremistas islámicos. Hosni Mubarak, un estrecho seguidor de Sadat, asumió el poder.

Era demasiada coincidencia que los tres atentados, cometidos casi simultáneamente, hubiesen elegido blancos que resultaban aliados naturales en la fase final de la Guerra Fría. Anwar Sadat había dado el paso decisivo al reunirse con Menahem Begin y establecer bases ciertas para la paz en Medio Oriente. Ronald Reagan estaba decidido a dar combate a los comunistas donde quiera se expresen contra los intereses del occidente. Juan Pablo II alentaba al sindicato Solidaridad en su natal Polonia, que la URSS consideraba una amenaza.

En el Caribe un golpe de estado estableció un gobierno marxista en Granada, alineado con la URSS y militarizado con apoyo de Cuba. Una fuerza militar norteamericana con participación de soldados de países caribeños invadieron Granada cuyo ejército, reforzado por militares cubanos, abrió fuego. La resistencia duró varios días. Fue la primera incursión militar americana desde Vietnam coronada por el éxito y el público americano la apoyó.

La antigua disputa territorial entre Irak e Irán salió a flote con un componente religioso entre islamitas. El fundamentalista Ayatollah Komeini y el déspota Sadam Hussein se vieron frente a frente. Consciente de que Estados Unidos jamás ayudaría a Irán luego del incidente de los rehenes, Hussein atacó a su vecino con su fuerza aérea y la invadió con tropas, dando curso a una larga guerra de desgaste sin solución de continuidad., aunque con la destrucción de ciudades e instalaciones petroleras. Libia apoyó a Irán. Unión Soviética, Francia y países árabes apoyaron a Irak, lo mismo que Estados Unidos y el Secretario de Defensa, Donald Rumsfeld, se reunió con Sadam Hussein facilitando la venta de armamento americano.[2]

---

[2] Tan sólo siete años después, el Presidente George Bush (padre) invadió Irak, en la llamada Guerra del Golfo. Y diez años más tarde, su hijo, el Presidente George W. Bush volvió a invadir Irak abriendo un paréntesis que afecta al mundo sin conocerse el epílogo al cierre de este libro.

Reagan combatió la inflación mediante una contracción del circulante en combinación con políticas de estímulo a las inversiones, recortes fiscales y reducción de gastos sociales. Aunque generó una recesión en 1981-1982, el resultado en 1983 fue la reactivación económica generando empleo y aumento en la captación de impuestos que subieron de quinientos mil millones de dólares a más de un billón de dólares.

Murió en Moscú Leonid Brezhnev, asumiendo el anciano número dos de la nomenclatura, Yuri Andropov. La URSS entraba en decadencia irreversible. Ministros de Defensa de los países de la OTAN confirmaron su decisión de emplazar cohetes americanos de alcance medio en Europa. Y aunque hubo reacciones de oposición y Andropov se quejó contra Estados Unidos, nada impidió esa acción preventiva ante la posibilidad de que los últimos dinosaurios comunistas cometan alguna imprudencia. Varios países, entre ellos Francia, expulsaron a diplomáticos rusos acusados de espionaje. La URSS y sus paradigmas cayeron en la obsolescencia y el descrédito. Washington expulsó a tres diplomáticos rusos acusados de espionaje. Andropov gobernó poco tiempo y tras su muerte le sucedió Konstantin Chernenko, otro anciano surgido del Politburó que sólo gobernó un año antes de fallecer, llegando entonces al escenario Mijail Gorbachov, mientras las dictaduras de los países satélites de Moscú se remecían.

En 1984 el país sentía que Ronald Reagan había puesto a Estados Unidos de pie. Pese al déficit presupuestario y los tipos de interés altos, había una sensación de optimismo, Estados Unidos volvió a brillar mientras su adversario se batía en retirada. No hubo ningún líder republicano que quisiera disputar el liderazgo de Reagan y en agosto de 1984 una delirante Convención Republicana en Dallas lo proclamó para la reelección. En el frente demócrata consiguió la nominación Walter Mondale, ex vicepresidente de Jimmy Carter. En las elecciones nacionales de noviembre los republicanos lograron el 59% contra el 40% de Mondale; la diferencia era de casi 17 millones de votos. Reagan ganó en 49 Estados y Mondale en sólo 2. Los republicanos sumaron 525 electores y los demócratas 13. Su liderazgo nacional era claro pese a iniciar se segundo periodo con 74 años con la llamada *Guerra de las Galaxias*.

El momento coincidió con una evaluación sobre el impacto de las drogas en la sociedad americana. Bajo el lema *"A las drogas diles NO"*, empezó una campaña liderada por la Primera Dama, Nancy Reagan y Washington quedó estupefacto al comprobar mediante encuestas que una buena parte de los ejecutivos de las empresas y funcionarios públicos eran consumidores habituales de cocaína. La situación estaba entroncada con poderosos carteles colombianos con sede en Medellín y Cali. Según estimaciones del Consejo de Seguridad y Defensa de los Estados Unidos, la DEA y la CIA, las finanzas del narcotráfico en el mundo alcanzaban a 500 mil millones de dólares anuales, cifra comparable al ingreso bruto de las siete empresas más grandes del mundo en ese momento, General Motors, Exxon, Shell, Mobil, British Petroleum, Ford Motors e IBM.

Cuba no pudo eludir los efluvios de la droga, revelándose una conexión con los barones de la cocaína que triangulaban la exportación a los Estados Unidos utilizando puertos cubanos. Miembros del Gobierno y las Fuerzas Armadas terminaron enfrentados al paredón. Movimientos guerrilleros sudamericanos, como Sendero Luminoso en el Perú y las FARC en Colombia empezaron a tomar control de las zonas productoras de coca, cobrando impuestos revolucionarios a los narcotraficantes.

Liza Minelli capturó la mirada de toda América el 4 de julio de 1986 cuando interpretó con extraordinario vigor *New York, New York*, una apología a la ciudad más representativa de la cultura, las finanzas, el arte y el sueño americano. Aquel día el país celebró con brillante fasto el centenario de *Miss Liberty*, la Estatua de la Libertad, que cien años atrás el pueblo de Francia obsequiara a esta ciudad. La obra del escultor Auguste Bartholdi fue erigida en la bahía de Nueva York, sobre un soporte de acero diseñado por Gustave Eiffel. Se le llamó la *Libertad que ilumina al mundo* y, en efecto, fue la luz que alumbró el camino de millones de migrantes que llegaron a esta puerta de América sobre el Atlántico buscando una alternativa de vida digna. *"Somos los guardianes de la llama de la Libertad"*, dijo el Presidente Reagan. En ese momento Barack Obama, residente en Nueva York, cursaba en la Universidad de Columbia la carrera de Ciencias Políticas.

Reagan y Gorboachov se reunieron en Ginebra, tras la cual el líder soviético dijo en conferencia de prensa: *"la situación internacional de hoy se distingue por un rasgo muy importante... no sólo estamos hablando de confrontación entre dos sistemas sociales, sino de una elección entre su-*

pervivencia y aniquilación mutua". Poco tiempo después se llevó a cabo la IV sesión de conversaciones entre las dos potencias sobre limitación de armas nucleares y desarme en general. Reagan propuso a Gorbachov la eliminación de cohetes nucleares de alcance medio en un período de tres años. Un accidente en la planta nuclear soviética de Chernobyl, que provocó nubes radioactivas afectando a varios países europeos aumentó el desprestigio soviético.

En el XXVII Congreso del Partido Comunista de la Unión Soviética, Gorbachov introdujo reformas que no trascendieron públicamente. Pero empezó el alejamiento de la ideología marxista leninista. El nuevo líder rechazó la idea de la lucha de clases y proclamó la coexistencia como un fin. Días más tarde dispuso el retiro parcial de fuerzas militares en Afganistán, donde rebeldes musulmanes luchaban contra los rusos con ayuda americana. Una nueva cumbre Reagan-Gorbachov se llevó a cabo en Islandia, asumiendo acuerdos sobre control de armas y derechos humanos.

Pero en 1987, Gorbachov se reveló ante el mundo como lo que era realmente, un hombre pragmático capaz de privilegiar la realidad por encima de los dogmas. Había llegado a la conclusión de que el sistema central planificado fracasó. La competencia militar con los Estados Unidos, incluyendo el campo espacial, era ruinoso, pues el crecimiento económico había sido sacrificado para fabricar armas, mientras la población sufría las carencias de un país subdesarrollado. La URSS consumía sus reservas como abastecedor de petróleo y gas para sus satélites, su crecimiento económico estaba paralizado, carecía de inversiones productivas, mientras descendían sus índices de producción agrícola e industrial y se deprimía el consumo y la calidad de vida

En occidente el ciudadano tenía libertad para sus iniciativas, participaba de la vida política sin limitaciones y el progreso parecía ilimitado. El desarrollo tecnológico capitalista modificó los procesos de creación, diseño, producción y comercialización a nivel mundial. La economía estaba globalizada. Los obreros se capacitaban para ser patrones de sí mismos. El género humano se convertía en consumidor, alentado por las computadoras, la televisión y los satélites que ponían información, espectáculo, moda, y deportes al alcance de cualquiera. El consumismo trivializó a la ideología. El comunismo era *old fashion* y el nuevo líder de la China, Deng Xiao Ping, también un reformador pragmático, declaró entonces: *no importa de qué color sea el gato, lo importante es que cace ratones.*

La corrupta era de Brezhnev, donde campeó el nepotismo y el favoritismo, había terminado. Mijail Gorbachov era un líder político de fines de siglo, que no había emergido de los cuadros inferiores del proletariado, sino de las universidades y con su elegante esposa Raisa formaba una pareja que rompía el estereotipo de sus obesos predecesores en el Kremlin que daban la sensación de negarse a la ducha diaria y vestir con prolijidad. Los Gorbachov eran de apariencia occidental y vivían en una residencia sencilla pero confortable donde se leía historia, se escuchaba la música de Plácido Domingo y Barry Manilow y se miraba al mundo con claridad meridiana..

En 1986, Gorbachov sorprendió al mundo con la *perestroika*, que introducía cambios en la organización económica y política de la URSS y el *glasnost* que por primera vez introducía transparencia y libertad de información, elementos letales para una sociedad cerrada y totalitaria. El impacto se sintió en todo el conglomerado comunista. Podría decirse que en ese momento se empezó a escribir el obituario del comunismo. Cuba supo que los días de su casa matriz estaban contados y sus gobernantes quisieron dar señales de cambio, más asustados que convencidos. Fidel Castro asumió el papel de Presidente antes que Comandante, colgando el uniforme verde olivo y enfundándose en traje occidental, con corbata y gemelos. Así recibió en 1988 al Papa Juan Pablo II en La Habana. Tres décadas de marxismo ateo no habían logrado matar la fe religiosa del pueblo cubano que, otra vez, tuvo la ocasión de rezar en público.

El 7 de diciembre de 1988 en un discurso histórico en Naciones Unidas, Gorbachov anunció el repliegue de medio millón de soldados y diez mil tanques soviéticos de Europa y el resto de sus tropas serían reorganizadas para fines puramente defensivos, esperando que Estados Unidos y las potencias europeas hicieran lo mismo. Envió un mensaje a China anunciando el retiro de la mayor parte de las fuerzas soviéticas en Mongolia. Los gobernantes chinos, si bien captaron el tono conciliador, aprovecharon la oportunidad para plantear condiciones, como el retiro ruso de Afganistán.

Ronald Reagan vio desde el Salón Oval la victoria de sus ideas y se aprestó a dejar el poder. Quedaron para la posteridad sus palabras ante la puerta de Brandemburgo en Alemania:

"En Occidente hoy vemos un mundo libre que ha alcanzado un nivel de prosperidad y bienestar sin precedentes en toda la historia humana. En el mundo comunista vemos fracaso, retraso tecnológico, niveles sanitarios en declive, incluso necesidad del tipo más básico: demasiada poca comida. La conclusión es inevitable, y esperanzadora: La libertad es la vencedora. Señor Secretario General Gorbachov, si usted busca la paz, si usted busca la prosperidad para la Unión Soviética y Europa Oriental, si usted busca la liberalización: ¡Señor Gorbachov, abra esta puerta! ¡Señor Gorbachov, derribe este muro!".

El muro sería derribado, el socialismo se vendría abajo y la Guerra Fría la ganaría la democracia sin disparar un solo tiro. Ronald Reagan personificó esa victoria en los dorados 80, cuando Estados Unidos era ya el mayor *melting pot* de la humanidad La situación de bonanza y optimismo provocó uno de los mayores éxodos de latinoamericanos a Estados Unidos. La mayoría eran desde luego mexicanos, pero se incluyeron olas de nicaragüenses, salvadoreños, guatemaltecos, hondureños que huían de las guerras civiles y las dictaduras de distinto signo. Pero también profesionales bien capacitados que buscaban replicar lo que habían logrado hispanos como Roberto Goizueta, quien saltó a la celebridad el convertirse en Presidente Ejecutivo de Coca Cola, el emblema más intenso y universal de América.

Médicos, ingenieros, arquitectos, economistas, técnicos medios encontraban sobradas razones para quedarse y ganar buenos salarios. Llegaron venezolanos, chilenos, bolivianos, argentinos, peruanos, ecuatorianos, colombianos, engrosando los núcleos de latinos dispersos por toda la geografía norteamericana y que realizaron desde los trabajos más humildes hasta los más especializados en el campo de la ciencia, los negocios, el arte, el deporte y aún la política. Ya Henry Cisneros había asumido la alcaldía de una gran ciudad como San Antonio en Texas y eran varios los hispanos que actuaban con probidad en el Congreso, la judicatura o la milicia. Pero esa presencia masiva de latinos empezó a generar problemas que obligaron a normar su ingreso y permanencia, aprobándose en 1986 el Acta de Control y Reforma Migratoria, que supuso una amnistía para los indocumentados a cambio de someterse a reglas estrictas. Dos millones y medio de latinos se beneficiaron de esta ley, pero otros millones vieron en ella un obstáculo insuperable para sus sueños de una vida mejor.

Pero empezó una grata invasión de intérpretes y ritmos latinos en los hit parades. El español Julio Iglesias se instaló en Miami y llegó a cantar a dúo con Sinatra. En tanto el venezolano Oscar D'Leon, el panameño Rubén Bladés, las cubanas Gloria Stephan y Celia Cruz, el mexicano Luis Miguel y el brasileño Roberto Carlos vendían sus discos con extraordinarios éxito. Norteamericanos de origen hispano ganaban celebridad, como en el caso de la finada Selena. y simultáneamente grandes olas de inmigrantes latinos cruzaban la frontera todos los días incorporando ritmo de salsa al *sueño americano*.

Un descendiente de chinos e hispanos, Franklin Chang Díaz se destacó como el astronauta con mayor record de vuelos en trasbordadores especiales de la NASA y un profesor boliviano de matemáticas, Jaime Escalante, se convirtió en héroe de la educación cuya vida fue llevada al cine y fue nombrado asesor del Presidente de los Estados Unidos. Entre los 125.000 cubanos llegados a Florida desde el puerto cubano de Mariel estaba Mirta Ojito, entonces una joven de 16 años que se hizo periodista, destacó en The Miami Herald, fichó en The New York Times y ganó los galardones más preciados por la gente de prensa como el Premio Pulitzer y el de la Sociedad de Editores de Diarios, en un momento en que la comunicación en español en América era ya intensa, destacando las cadenas Univisión o Telemundo y los nombres de personajes como el chileno Mario Kreutzberger, más conocido como Don Francisco. En las ciudades norteamericanas los tacos desplazan a los hot dogs, los americanos empezaron a patear balones de soccer y los mariachis se popularizan como parte de las costumbres locales.

Reagan se retiró nimbado de gloria, amado por anglosajones, hispanos, afroamericanos y asiáticos. Su Vicepresidente, George H. Bush tomó el mando, enfrentado al aspirante demócrata Michael Dukakis, a quien venció por casi siete millones de votos (53,4%) y el apoyo de 40 Estados de la Unión.

Mientras sucedía todo ello, Barack Obama concluía su residencia en Nueva York, graduado en Ciencias Políticas. Tuvo sus primeras experiencias laborales y se trasladó a Chicago, entregándose a trabajos comunitarios que lo pusieron en contacto con los sectores menos favorecidos por el sistema americano, a quienes no alcanzaba el entusiasmo de la era Reagan y sus políticas neoliberales. Obama marchó a Harvard para estudiar Derecho, luego empezaría su incursión en la política. ©

CAPÍTULO 7

BUSH, las guerras por el petróleo y contra las drogas

Washington, el padre de la independencia americana, era el ancestro por línea directa de George H. Bush y sus publicistas se encargaron de recordarlo en cuanta ocasión tuvieron. A Bush le tocaba profundizar lo que Ronald Reagan había concretado ya. Al asumir el mando, los gobernantes de los países del Pacto de Varsovia empezaron a vivir la peor de sus pesadillas. Su alianza con la URSS había penetrado en todas las estructuras de la vida de esas naciones y dependían de Moscú como el niño de su madre. Viéndose huérfanos, adoptaron una línea nacionalista, independiente del centro del imperio que se caía a pedazos. Pero sus pueblos, conscientes de que sus gobiernos eran marionetas del Kremlin, vieron la ocasión de sacudirse de ese yugo local.

En enero del 89 los partidos políticos opositores fueron legalizados en Hungría. En agosto Polonia tuvo un gobierno no comunista. Gorbachov dijo ante el Consejo de Europa que "toda intervención en los asuntos internos y todo intento por limitar la soberanía de los Estados, sean estos amigos, aliados u otros, es inadmisible..." Era su forma de decir que el costo de mantener a los satélites de la URSS era exorbitante y no iba más. Su portavoz, Gennadi Gerasímov lo explicó así ante la prensa internacional:

*-¿Conocen ustedes esa canción de Frank Sinatra **A mi manera**? Pues bien, Moscú ha adoptado la Doctrina Sinatra en la Europa del Este. Hungría y Polonia lo están haciendo a su manera.*

Gorbachov visitó Berlín Oriental en octubre de 1989 en el cuadragésimo aniversario de la creación de la República Democrática de Alemania y, de paso, presionar a Erick Honecker para que diese paso a reformas políticas. No pudo calcular que dos semanas después caería el Muro de Berlín. Era un muro de 165 kilómetros, tenía trechos alambrados que detuvieron a muchos alemanes orientales cuando trataron de pasar al occidente y perdieron la vida o los capturaron para encerrarlos en cárceles. Centinelas armados custodiaban con órdenes de disparar contra cualquiera que osara asomarse.

Pero la noche del 8 de noviembre de 1989, miles de manifestantes llegaron marchando y armados de picos arremetieron contra el muro. Los *volkspolizei* quedaron paralizados y ninguno se atrevió siquiera a intentar detener lo que se venía. En el lado occidental, desde los bares colmados de gente que bebía cerveza, se percibió que algo estaba sucediendo y salieron todos. Cuando se abrió la primera grieta, resonaron los aplausos y también ellos se lanzaron sobre el muro y desde las dos vertientes lo redujeron a escombros. Nadie impidió que la gente pase del este al oeste en una larga romería que duró varios días. Fue una reunificación de hecho y no pasó mucho tiempo antes de que el Canciller Helmut Kohl la proclamase oficialmente asumiendo el sacrificio de la paridad entre las monedas de ambos lados. La unidad económica fue un proceso largo que se concretó en el tiempo.

En noviembre manifestaciones masivas expulsaron al gobierno comunista de Checoslovaquia y sus componentes checos y eslovacos se escindieron. En Rumania el pueblo capturó y ajustició al dictador Nicolae Ceausescu. Yugoslavia ingresó en una guerra civil que se extendió por cinco años y los antiguos eslovenios, croatas, eslavos, bosnios, serbios, montenegrinos, kosovares y macedonios, unidos después de la Segunda Guerra Mundial por la magia del Mariscal Tito, buscaron su destino fragmentados. Radovan Karadzic, Presidente de los serbio-bosnios y el comandante del Ejército, Ratko Mladic desarrollaron acciones atroces contra musulmanes y croatas.

Desde el Salón Oval, el Presidente Bush observó por TV el colapso detrás de la *cortina de acero*. Se declararon independientes. Lituania, Letonia, Estonia. También Bielorrusia, Ucrania, Kazajstán, Kirguizistán, Uzbekistán, Turkmenistán. La URSS se disolvió el 31 de diciembre de 1991. Como todos los visionarios, Gorbachov se quedó colgado de la nada y desapareció del panorama, mirado con simpatía en occidente, con curiosidad en China y con odio en la nueva Federación Rusa, donde los antiguos jerarcas comunistas se repartían las ex empresas soviéticas, las privatizaban y amasaban fortunas de la noche a la mañana. Mafias delictivas saquearon los tesoros nacionales, tendieron redes de prostitución y distribuyeron drogas entre una población empobrecida. La bandera roja con la hoz y el martillo fue reemplazada por la antiguan bandera imperial. La Iglesia volvió a tener vigencia. Se impuso una forma aberrante de capitalismo salvaje y el FMI cometió una gran equivocación imponiendo medidas de ajuste que jamás iban a funcionar en aquella geografía del caos.

Explotó la rebelión juvenil china en la Plaza de Tianamen, cuando el estudiante Wang Weilin se enfrentó sólo y desarmado contra una columna de tanques, secuencia célebre que ganó las primeras planas de la prensa internacional. Fue el momento en el que los gobernantes chinos luchaban por el control de la situación dando paso a un cambio trascendental que es la China de hoy, con un partido fuerte en el timón del gobierno cuya meta principal ya no es el dogma comunista sino el bienestar de la población, en una sociedad que paulatinamente avanzó al capitalismo buscando hacer de la nación más grande del planeta una economía desarrollada y próspera.

Las preocupaciones internacionales del hombre más poderoso del mundo se redujeron enormemente, quedando sólo en la agenda el narcotráfico y el crónico problema del petróleo. George H. Bush era el hombre indicado para ese rol. La OPEP buscó mejorar el precio del crudo y a pesar de los esfuerzos de Arabia Saudita, que bajó la producción, el precio no superó los 10 dólares por barril. La presión occidental hizo que los Emiratos Árabes y Kuwait volvieran al ritmo de producción normal, Arabia Saudita también lo hizo y el precio se derrumbó. Irak propuso acciones militares contra los países que incumplieran las cuotas de producción, en directa alusión a los Emiratos Árabes Unidos y Kuwait. Finalmente hizo un planteamiento audaz: elevar el precio del barril de petróleo a 25 dólares. Tras acaloradas discusiones, la reunión acordó un incremento hasta 21 dólares. El mundo industrializado se erizó.

Siete días después, el 2 de agosto de 1990, en una operación *blitz*, las tropas de Sadam Hussein invadieron Kuwait, arrasando sus escasas defensas y en pocas horas controlaron el país. La única batalla fue la defensa del Palacio del Emir Jaber al-Ahmad as-Sabah que permitió la huida de la familia real. Los iraquíes se portaron como cualquier otro invasor; saquearon, maltrataron a la población, apresaron a civiles y militares, silenciaron los medios de comunicación o los utilizaron a su antojo. La excusa fue que Kuwait *"había violado la frontera para robar el petróleo iraquí".*

Anexando Kuwait, Sadam Hussein controlaba el 24% del petróleo en el mundo y se pronosticaba que a continuación tomaría Arabia Saudita. La reacción en Washington fue inmediata y el Presidente Bush ordenó la movilización de tropas americanas, estableciendo una alianza defensiva con varios países árabes y la declinante URSS. Naciones Unidas dispuso el embargo comercial y financiero contra Irak. La respuesta de Hussein fue retener a los residentes occidentales *como garantía ante un posible ataque aliado.* Estados Unidos incrementó tropas en la región del Golfo Pérsico y el Departamento de Estado tomó contactos para constituir una fuerza internacional.

El 9 de enero de 1991 el Secretario de Estado, James Baker, conferenció con el Ministro del Exterior de Irak, Tarek Asís, quien se negó a entregar una carta personal del Presidente Bush a Sadam Hussein y reiteró la amenaza de atacar a Israel si Irak era atacado. Naciones Unidas dio un plazo límite hasta el 16 de enero para que Irak se retire de Kuwait. Bagdad rechazó cualquier plazo. El Congreso autorizó al Presidente a declarar la guerra y Hussein dijo que estaba preparado para la *Madre de todas las Batallas*, anunciando que "Palestina volverá a ser de los palestinos". Entre el 12 y 13, el Secretario General de la ONU, Javier Pérez de Cuellar, permaneció en Bagdad tratando infructuosamente de frenar el conflicto. Mientras se agotaba el plazo el pueblo norteamericano se preparaba para la guerra, en medio del temor ante posibles actos terroristas. La Casa Blanca, el Pentágono, el

Departamento de Estado y otras reparticiones reforzaron su seguridad, lo mismo que los vuelos internacionales y las fronteras. Las embajadas en el exterior tomaron recaudos. Los medios de comunicación se prepararon para una cobertura sin precedentes. Ya no era Vietnam, las cámaras digitalizadas, los satélites y las transmisiones remotas habían cambiado las condiciones.

El 15 CNN transmitía en directo desde un piso alto de un hotel en Bagdad, cuando minutos antes de las 17.00 empezó la Operación *Tormenta del Desierto*. Una lluvia de misiles crucero Tomahawk cayeron sobre la ciudad mientras Peter Arnet relataba lo que sucedía con el fondo de las detonaciones que iban impactando en los blancos militares y políticos. Hussein se esfumó.

Durante el primer mes la alianza neutralizó el potencial bélico iraquí. El 5 de febrero el Secretario de Defensa, Richard Cheney y el Comandante del Ejército, Gral. Colin Powell, arribaron a Arabia Saudita para estudiar un ataque por tierra para liberar a Kuwait. Irak provocó un gigantesco derrame de petróleo en el Golfo Pérsico que obligó a tomar recaudos para evitar la contaminación del agua. Irak incendió 150 pozos petroleros en Kuwait, por lo que Bush apremió: *"o inician una retirada en gran escala o hacen frente al asalto por tierra"*.

El 23 de febrero las fuerzas aliadas avanzaron casi sin obstáculos por el desierto de Irak cuyas tropas se iban rindiendo y los que ofrecían resistencia eran aplastados por los blindados americanos. A dos días de la incursión unos cien mil soldados iraquíes se habían rendido en masa. Los aliados alcanzaron las riberas del Eufrates y el 27 se produjo una batalla entre tanques que se prolongó por seis horas, imponiéndose el VII Cuerpo del Ejército de los Estados Unidos. Esa noche Bush anunció que Kuwait había sido liberado. El 28 Irak se rindió, anunció el cese de fuego y aceptó una reunión de los comandantes militares para definir el armisticio. La Guerra del Golfo había terminado.

La ONU impuso a Irak un severo embargo que produjo grandes trastornos. El precio del petróleo se elevó a 42 dólares el barril, duplicando las expectativas de un año antes, cuando la OPEP pretendía 21 dólares.

La cocaína se convirtió en una amenaza para Norteamérica. Una de las lecciones que recibió el Presidente George Bush fue que los narcotraficantes tienen siempre un argumento para justificarse y la política es uno de ellos. Al ratificarse el convenio de extradición entre Colombia y los Estados Unidos, uno de los hitos en la lucha contra el narcotráfico fue la extradición de Carlos Lehder Rivas, conocido como *el hombre que hizo llover billetes de cien dólares* arrojados desde una avioneta con su fotografía incluida, buscando un lugar en el consejo municipal de Antioquia. El narcotráfico organizado declaró guerra al Estado de Colombia, lo que dio inicio a una dura etapa de violencia en la que asesinaron a personajes como el Director de *El Espectador*, Guillermo Cano, o el político Luis Carlos Galán.

Ya para entonces la Drug Enforcement Administration (DEA) había adquirido casi tanta relevancia como la CIA y sus agentes en los países productores de drogas tenían peso específico propio. La interdicción comenzó con el país más débil, Bolivia, logrando la captura del rey de la coca, Roberto Suárez Gómez y la entrega del ex ministro de gobierno, Cnl. Luis Arce. Marines norteamericanos invadieron Panamá para capturar al gobernante, Gral. Manuel Antonio Noriega, quien había cumplido triple papel como hombre de la DEA, del Cartel de Medellín y amigo de Cuba tomada como base para reexportar la droga a la península de Florida.

El Presidente Bush asistió a dos reuniones cumbre con los mandatarios de Bolivia, Perú y Colombia adoptando métodos de lucha comunes contra el narcotráfico y leyes duras para penalizar a los delincuentes. Bolivia y Perú debían erradicar la materia prima (coca), Colombia debía reducir a los capos de los carteles. En represalia, el Cartel de Medellín ordenó el secuestro de prominentes ciudadanos colombianos y el terror ganó a la sociedad colombiana. El precio de la droga aumentaba en el mercado internacional y surgían movimientos anti prohicionistas cuya tesis apuntaba a despenalizar la droga y devolver la responsabilidad a la sociedad y la familia.

En tanto las normas migratorias en los Estados Unidos, si bien eran favorables para los hispanos que podían legalizan su situación y asumían la ciudadanía estadounidense, se convertía también en factor limitante que provocaba sufrimientos a otros inmigrantes latinos, especialmente a los más pobres y poco instruidos. Paralelamente se presentaron dos fenómenos adicionales. Como quiera que los latinos sean humildes, trabajadores, no le esquivan el cuerpo a las ocupaciones más ingratas y cobran poco por su trabajo, empezaron a invadir el campo laboral y desplazar a los propios norteamericanos. Por otro lado, la presencia masiva de drogas como la cocaína, hizo que en el imaginario popular los colombianos carguen con el sambenito de narcotraficantes y así lo mostraron en el cine y la televisión, en una caricatura generalizadora e injusta.

Al concluir 1992, George Bush buscó un nuevo período en la Casa Blanca confiado en el aura de popularidad que obtuvo con la victoria sobre Irak y los controles a la droga. Pero una pertinaz recesión a causa de la propia Guerra del Golfo afectó al final de su administración en la que se había movido cómodamente, con un Congreso por lo general amistoso y un Vicepresidente, Dan Quayle, blanco favorito de bromas crueles en los medios.

Diez aspirantes demócratas entre ellos, Paul Tsongas, Bob Kerry, Tom Harkin y Jerry Brown, pugnaron por la nominación, pero no hubo mucho entusiasmo para enfrentar a Bush, quizás por eso se impuso una figura casi desconocida, excepto en Arkansas, Estado del que era Gobernador. Bill Clinton ganó la nominación aunque su partido no se mostró muy convencido de volver con él a la Casa Blanca y mucho menos cuando se filtro a los medios de comunicación su negativa a combatir en Vietnam y una supuesta afición a las faldas, saliendo su esposa Hillary en su defensa.

Surgió por primera vez un tercer candidato con posibilidades reales, el multimillonario populista Ross Perot. El retador Clinton se lanzó a la aventura con entusiasmo acompañado de Al Gore, enarbolando el concepto de *New Democrat*, nuevo democratismo, dando pasos hacia el centro con un programa que daba prioridad a la economía antes que a la ideología, buscando conquistar a los independientes y la clase media, a quienes ofreció seguridad laboral, cobertura general en salud y oportunidades de educación y bienestar, contrastando con la aburrida campaña de George Bush.

Pero el sistema bipartidista se cerró y los medios --sin dejar de expresar su sorpresa por el tercero en discordia--, prefirieron enfocar los temas de fondo en los dos candidatos tradicionales y fue en la televisión donde Bill Clinton logró impactar con un *cross* en el rostro del Presidente al recordarle la depresión del PIB en el último año, asestándole un gancho en el mentón al decirle que ya no era la política ni la guerra lo que le importaba a la gente. *"Es la economía, estúpido"*, le dijo a su oponente que en ese momento puso una cara de sorpresa que lo mostró tan poco carismático como realmente era. Fue *nocaut*. El viejo guerrero fue derrotado por el joven pacifista que ponía énfasis en su formación universitaria y se identificaba con las nuevas generaciones de americanos. Todo ello apareció nítidamente en pantallas. La imagen telegénica desarticuló a Bush.

Al concluir la jornada electoral los resultados eran elocuentes. Clinton tenía el 43% de los sufragios, Bush el 37,4% y Perot el 18,9%. El sistema le dio a Clinton 370 electores y a Bush 168.Los demócratas ganaron en 32 Estados, los republicanos en 18. Era la primera vez que el ganador no tenía por lo menos el 50% de los votos.

Durante la presidencia de George H. Bush, el joven Barack Obama estuvo en Harvard realizando estudios de Derecho. En esa célebre universidad americana logró ser elegido Presidente del Harvard Law Review; fue el primer afroamericano que obtuvo tal nombramiento. Votó en noviembre de 1992 por Bill Clinton y ya de regreso a Chicago repartió su tiempo entre su trabajo por los derechos civiles en una consejería jurídica, enseñó Derecho Constitucional en la Universidad de Chicago y jugo básquetbol mientras llegaba su hora de incursionar en la vida pública. ©

CAPÍTULO 8

CLINTON, neoliberalismo
con rostro humano

Bill Clinton era *kennediano*, se identificaba con Martin Luther King y defendía los derechos civiles de las minorías. Su inicio fue polémico. Aumentó los impuestos, levantó las prohibiciones al aborto, recibió delegaciones de homosexuales en la Casa Blanca e intentó su admisión en las Fuerzas Armadas, designó una Fiscal General cuyo nombramiento fue rebatido, además la Primera Dama, buscó figuración política y cometió la frivolidad de interrumpir el tráfico al aeropuerto de Los Ángeles para que un peluquero le arreglara el cabello. El país se sintió contrariado y los sectores conservadores se manifestaron escandalizados.

Buscando modificar esa imagen Clinton se propuso disminuir el déficit público con un plan económico quinquenal que contemplaba reducciones presupuestarias con alzas fiscales y austeridad en el gasto público, congelando la contratación de nuevos funcionarios y el despido de 250.000 empleados públicos, la eliminación de algunas prestaciones del *Medicare* en atención sanitaria a los ancianos y discapacitados, así como recortes en los gastos de Defensa.

A poco de su llegada a la Casa Blanca, Clinton observó por TV una terrible escena con cadáveres de soldados americanos arrastrados por turbamultas en Somalia, donde estaba desplegada una fuerza de 25.000 soldados bajo cobertura de Naciones Unidas para garantizar ayuda humanitaria a las víctimas del hambre. Los soldados americanos se vieron al medio de una guerra de todos contra todos. Clinton ordenó la retirada. El Departamento de Estado anunció una política de división de tareas entre organizaciones y países para que se encarguen de la seguridad en sus áreas de influencia, reservando para Estados Unidos los temas vitales para su seguridad y el equilibrio geopolítico mundial. Clinton anunció el cierre de bases militares en Europa y la repatriación de miles de soldados, suspendiendo el envío de cascos azules estadounidenses. Algunos analistas creyeron ver el comienzo de un *nuevo desorden mundial.*

A pesar de que miles de iraquíes, especialmente niños, morían por la falta de alimentos y medicinas por el embargo, Clinton condicionó su revocatoria a la prohibición del desarrollo de armas de destrucción masiva por Sadam Hussein y aunque éste no las desarrollaba por las penurias que vivía su país, se obcecó en no permitir lo que consideraba una injerencia.

Empezó el mayor conflicto de la historia de los Balcanes digitada desde Belgrado, cuyo gobierno pretendía una República Serbia en territorio bosnio, estallando una guerra inhumana cuando los serbios realizaron una *limpieza étnica*, poniendo cerco a Sarajevo que se extendió por tres años en medio de los bombardeos, hambre y muerte. Clinton no supo qué actitud tomar pues mientras el Vicepresidente Al Gore pedía la intervención de los Estados Unidos para frenar aquella carnicería, el Departamento de Estado --en ese momento con Warren Christopher--, consideraba que era un conflicto que debían resolver los europeos que, a su vez, no se atrevían a intervenir.

Luego del colapso soviético, Corea del Norte generó tensiones como una forma de llamar la atención sobre sus penurias. Kim Il Sung era el último dinosaurio del comunismo ortodoxo y Bill Clinton sufrió un sobresalto cuando el 12 de marzo de 1993 el régimen de Pyongyang se retiró del Tratado de No Proliferación de Armas Nucleares, en oposición a una visita de inspección de la Agencia Internacional de Energía Atómica que sospechaba la producción de uranio enriquecido para usos militares. Clinton llegó a Seúl reiterando el compromiso en la defensa de Corea del Sur, donde estaban acantonados 37.000 soldados americanos. La crisis terminó con la aceptación de Corea del Norte a las inspecciones y Estados Unidos la aprovisionaría de grandes volúmenes de petróleo. Kim Il Sung falleció heredando el poder su hijo.

Clinton creía que la paz en Medio Oriente pasaba por el reconocimiento a la existencia del Estado de Israel a lo que se oponía una parte de los países de la región en respaldo a la Organización de Liberación Palestina. Pero el ya maduro líder de la OLP, Yasser Arafat, fue evolucionando hasta aceptar la coexistencia de Israel y Palestina, aunque sectores judíos no se resignaban a perder territorios que ocupaban por efecto de guerras anteriores. Clinton se empeñó en una acción diplomática y el 13 de septiembre de 1993 Yasser Arafat y Yitzhak Rabin se dieron la mano en Camp David y suscribieron la Declaración de Principios sobre los Acuerdos del Autogobierno Interino Palestino. Israel se retiró de Jericó y de la franja de Gaza y la OLP tomó control de esas regiones. Era una victoria para Arafat pero grupos extremistas palestinos como Hezbollah, Hamas y la Jihad Islámica compitieron entre sí en un abominable concurso de terrorismo, mientras un fanático ultraortodoxo judío del llamado *Bloque de los Fieles* penetró en una mezquita de Hebrón y mató a 29 musulmanes que allí oraban.

La globalización se mostró en todo su esplendor en ocasión de la Copa Mundial de Fútbol 1994 que se disputó por primera vez en los Estados Unidos. Aunque el país del béisbol, el básquet y el rugby nunca *le dio bola* al balompié, el ex Secretario de Estado, Henry Kissinger, impulsó este juego en la Unión, cuyas vastas posibilidades comerciales y de entretenimiento eran universales. Las previsiones se vieron colmadas. 3,6 millones de espectadores en una docena de campos deportivos, turistas llegados de todos los confines del planeta, publicidad millonaria en las transmisiones satelitales, le dieron al torneo una brillantez inédita.

Nacía la Unión Europea en Maastricht, como paso previo para una ciudadanía común de todos los europeos, así como políticas comunes de economía y defensa. La administración Clinton decidió abrir los mercados de bienes y servicios en distintas partes del mundo, concretando el Tratado de Libre Comercio de América del Norte (NAFTA) con Canadá y México, que entró en vigencia en 1994 y la Ronda Uruguay del Acuerdo General sobre Aranceles y Comercio (GATT) con la anuencia de 117 países el 15 de diciembre, después que Estados Unidos y la Unión Europea (UE) desbloquearan las negociaciones en temas conflictivos, como los productos audiovisuales, considerados instrumentos de la penetración cultural, reglamentando los derechos de la propiedad intelectual para evitar el pirateo de productos audiovisuales e informáticos. El 1° de enero de 1995 entró en vigor la Organización Mundial del Comercio (OMC).

La democracia y el neoliberalismo reinaban en el mundo. Al sistema se incorporó México con el Presidente Salinas de Gortari tras décadas de gobiernos populistas que pusieron al país vecino en *shock* y Estados Unidos salió en su ayuda posibilitando un salvataje internacional que inyectó 50.000 millones de dólares. Pese a los crímenes políticos los mexicanos estabilizaron su sistema financiero, pagaron su deuda y reencausaron la economía, aunque el *efecto tequila* se dejó sentir en la región.

La administración Clinton organizó en Seattle la primera cumbre de jefes de Estado y de Gobierno de los países del Pacífico (APEC) a la que siguieron otras de igual categoría que fueron ampliando su área original exclusivamente asiático incluyendo a Estados Unidos, China, Rusia, Japón, Corea del Sur, Australia, México y Chile, de manera que Estados Unidos estuvo en todos los bloques económicos del mundo, el de la Unión Europea, la NAFTA, APEC y desde luego el GATT, con lo que las barreras arancelarias se empezaron a disipar para la globalización de los mercados. Clinton quiso sumar a este esfuerzo a los países del área Centro y Sudamericana en un proyecto de Área de Libre Comercio de la Américas (ALCA), convocándose a una primera cumbre de jefes de Estado el 11 de diciembre de 1994 en Miami.

Los presidentes Bill Clinton y Boris Yeltsin fortalecieron la relación entre Estados Unidos y Rusia. Desde su primer encuentro en Canadá, quedó en claro que la ayuda americana iba a depender de la adhesión rusa a la democracia pero, obviamente, Yeltsin quería conservar autonomía ya que aún poseía un arsenal nuclear y se oponía a la absorción por la OTAN de las ex repúblicas del bloque soviético. Clinton convenció a Ucrania para deshacerse de misiles estratégicos. La realidad objetiva hizo que Yeltsin aceptara el ingreso de Polonia, Hungría y Checoslovaquia a la OTAN, recibiendo la garantía de que Estados Unidos no desplegaría armas nucleares y Washington facilitó una importante ayuda financiera, pero la corrupción y la crisis económica iban a tragarse miles de millones de dólares que no llegaron a favorecer a los ciudadanos rusos sumidos en una crisis sin precedentes.

Si el acercamiento Washington-Pekin logrado por Nixon en los 70 se había basado en la rivalidad de ambos contra Moscú, en los 90 el asunto pasaba por la economía y en vista del cambio que se operaba en China, Clinton buscó abrir ese mercado de 1.200 millones de consumidores para la industria americana. Con notable pragmatismo, Clinton enfocó en tono cordial temas relativos a inversiones y negocios en ocasión de las cumbres de la APEC, cuando conoció al presidente Jiang Zemin, dejando en un cono de sombra el asunto del Tibet, la matanza de Tiananmen, las violaciones a los derechos humanos, la ninguna libertad política e inclusive la piratería de productos norteamericanos.

Definitivamente, la Guerra Fría había concluido. Y el Presidente Clinton empezó a aplicar las sanciones de tipo comercial y financiero a los países que entorpecían la democracia y la libertad de comercio. Cuando Japón cerró su mercado a la industria automotriz, la amenaza de bloquear las importaciones de Toyotas y Mitsubishis fue suficiente para abrir ese mercado. Pero las sanciones económicas fueron irrelevantes en el caso de Irak o Yugoslavia. Con Cuba las sanciones económicas no producían efecto desde hacía décadas.

Los hispanos en California sufrieron un nuevo sobresalto cuando el Estado adoptó la Propuesta 187 negando servicios de salud, educación y servicios sociales a los inmigrantes ilegales. El gobierno federal refrendó la Ley de Reconciliación de Responsabilidad Personal y Oportunidad de Trabajo que dejó exentos de una amplia gama de beneficios y servicios federales, entre ellos los sellos alimenticios y el Ingreso de Seguridad Suplementario, afectando a inmigrantes indocumentados y también a los legales que ingresaron a los Estados Unidos después del 22 de agosto de 1996.

Empezaron las campañas electorales. El fracaso de la reforma sanitaria propuesta por Clinton y su baja estimación en las encuestas alentaron a los republicanos que proyectaron una *Revolución Conservadora*, bajo fundamentos *reaganianos* como supresión del déficit público, aumento de gastos militares, rebaja de impuestos, lucha contra el crimen y defensa de la familia, la moralidad y la religión. Pero la ciudadanía se asustó del radicalismo conservador. Además, un terrible atentado en un edificio federal de Oklahoma, cometido por un grupo ultraderechista mató a 176 personas. El recuerdo del sangriento asalto por el FBI del rancho de los davidianos en Waco-Texas[3] y la formación de grupos armados racistas desnaturalizó la plataforma republicana.[4]

Clinton fue receptivo a las posiciones conservadoras y a despecho de su partido optó por equilibrar el presupuesto sin déficit, anunció el fin del Estado-benefactor ineficiente, anunció una lucha frontal contra la delincuencia, formuló un presupuesto federal con recortes de gastos por 650.000 millones de dólares, bajó los impuestos para la clase media y dejó al Congreso los temas de pensiones, asistencia sanitaria a los sectores de bajos ingresos y subsidios agrícolas. Suscribió la ley que recortaba la asistencia pública a 26 millones de ciudadanos sin recursos para ahorrar 55.000 millones en seis años, evitando que la asistencia temporal se convierta en una forma de vida. Aunque contrariaba principios entrañables del Partido, Clinton no tuvo adversario.

En noviembre de 1995 se enfrentó al republicano Bob Dole, quien careció de argumentos, excepto los de orden moral-matrimonial. El Presidente logró la reelección ganando en 31 estados y el 49% del voto popular, pero perdió escaños en la Cámara de Representantes y el Senado. El Congreso aprobó su presupuesto federal equilibrado que le permitió lograr un superávit después de 20 años y más tarde sustentar un presupuesto con déficit cero con tres años de antelación.

Fue en agosto de 1998 cuando apareció por primera vez en los despachos de la prensa internacional el nombre de Osama Bin Laden, multimillonario saudita acusado de haber ordenado atentados contra las embajadas de Estados Unidos en Nairobi y Dar es Salam que causaron 224 muertos.[5] La agresión fue respondida con un ataque de misiles americanos sobre territorio de Sudán y Afganistán, donde se presumía que se hallaba.

---

[3] Los davidianos eran expresión exacerbada de sectores blancos fundamentalistas.

[4] Lo mismo sucedería ocho años más tarde, cuando el país reeligió a George W. Bush, aunque el temor fue al terrorismo islámico.

[5] Se supo entonces que anteriores atentados terroristas contra recintos militares americanos causando bajas en Riad y Dhahrán, eran de su autoría, lo mismo que la explosión de un coche bomba junto a las Torres Gemelas de Nueva York el 26 de febrero de 1993 con 6 muertos. Nadie podía sospechar entonces que Bin Laden repetiría esta última faena terrorista siete años más tarde con más de tres mil víctimas.

Clinton decidió que era el momento histórico para la normalización de relaciones con China, invitando al Presidente Jiang a Washington y éste devolvió gentilezas a Clinton en Beijing, donde todo fue exquisita cordialidad. China ingreso a la OMC, amortiguaron las tensiones en Asia y abrieron una línea de diálogo sobre derechos humanos. China aceptó abrir sus mercados a las exportaciones americanas dentro de un ámbito multilateral y en una asociación estratégica, aunque sin llegar a nada definitivo respecto a Taiwán. Una planta de *Coca Cola* fue inaugurada en Beijing, donde Bill Clinton y su esposa Hillary bebieron directamente del envase la gaseosa más famosa del mundo.

Fue un período afortunado para la Casa Blanca, hasta que resurgió una antigua denuncia de una mujer, Paula Jones, reclamando haber sido acosada por Bill Clinton años atrás. El caso se complicó cuando otra mujer, que había grabado en secreto las confesiones de una amiga, dio cauce al odio enfermizo de un fiscal, revelando que el Presidente tenía relaciones íntimas con una becaria en la Casa Blanca, Mónica Lewinsky. Clinton hizo una declaración jurada negando haber mantenido relaciones sexuales con ella. Pero Monica, también bajo juramento, refutó al Presidente. El mundo se enteró de los detalles íntimos de la relación alentando un escándalo que se prolongó por meses. No es difícil imaginar aquel infierno para la Primera Dama y para el Presidente quien debía lidiar con temas como Kosovo, Corea del Norte o Irak sometido al mismo tiempo a la humillación de tener que explicar a los estadounidenses su comportamiento y desayunar a diario con Hillary y su hija Chelsea.

El informe del fiscal fue demoledor. Acusaba al presidente de perjurio, abuso de poder, obstrucción a la justicia. Como sucediera con Richard Nixon, el Comité de Justicia de la Cámara de Representantes autorizó el proceso de *impeachmeant*. Pero las encuestas mostraban que la mayoría apoyaba a Clinton y ello se manifestó en las elecciones legislativas. *The Washington Post* y *The New York Times* interpretaron que a la ciudadanía le disgustaba la pretensión de destituir al Presidente. En diciembre de 1998 Clinton hizo pública demostración de arrepentimiento y pidió perdón a Mónica Lewinsky. Hillary Clinton salió a la opinión pública con gran dignidad en defensa de su familia, atribuyendo todo a un *complot de la extrema derecha*. Al epílogo del debate sobre el *impeachment* se declaró a Clinton **no culpable**. El Presidente

pudo volver a su trabajo para el último año de su gestión aunque seguramente la reconciliación con su esposa fue un proceso más complejo.

Estados Unidos, Rusia, China, Reino Unido y Francia firmaron el
Tratado de No Proliferación de Armas nucleares. Estados Unidos y Rusia ratificaron tratados para reducir dos tercios de sus armas nucleares y
el Presidente Clinton suscribió en la Asamblea General de la ONU el
Tratado de Prohibición Total de Pruebas Nucleares.

En los últimos meses de su mandato Clinton se movió por el
mundo. Se reunió con el líder israelí Ehud Barak y el palestino Yasser
Arafat, asistió a los funerales del rey Hussein y se entrevistó con los di-
rigentes de las naciones del Medio Oriente. Se interesó por la suerte del
África siguiendo de cerca la independencia de Eritrea, ayudando para
paliar la sangrienta guerra de exterminio étnico en Ruanda, cultivando
relaciones diplomáticas y económicas con Uganda, Ghana o Angola,
lamentando la violencia incontrolable entre Etiopía y Eritrea, o una
nueva guerra en el Congo. Hizo buena amistad con Nelson Mandela.
Apenas pudo tomar un contacto con el nuevo Presidente de Rusia,
Vladimir Putin con quien se reunió en Moscú en junio de 2000. Ya no
tuvo tiempo de analizar con profundidad los alcances de los fenómenos
políticos y económicos de la década que concluía, como la crisis de los
Dragones del Asia, luego de una era de crecimiento. Ello tuvo efectos
perniciosos en todo el mundo y también en la región sudamericana.

Hasta el último día de su mandato Clinton trabajó como si fuera
el primero. Su imagen no se desvaneció y siguió en el centro focal de la
atención pública. Más allá de sus debilidades humanas, dejaba el sello
de su presencia como un buen gobernante, un auténtico demócrata
neoliberal, pragmático, conocedor del mundo, capaz de un liderazgo
firme sin renunciar a sus compromisos con las minorías. Antes de lo
que muchos creyeron, el país lo iba a echar de menos. Comenzaría muy
pronto un período que la gente iba a preferir olvidar.

Recogió sus fotografías, documentos y su libro favorito, Cien Años
de Soledad, autografiado por Gabriel García Márquez cuando cenaron
juntos. Guardó también su saxofón, pero sólo en lo que consideró un
paréntesis, pues al marcharse abrazaba la decisión de ver algún día, en
el lugar que dejaba, a Hillary, su batalladora esposa, que había hecho
posible su exitoso paso por la Casa Blanca.

Fue natural que los Clinton gozaran de simpatías en los círculos universitarios, intelectuales y progresistas de los Estados Unidos, a los que pertenecía Barack Obama, quien entre tanto ya había tomado militancia activa en el Partido Demócrata y había sido elegido Senador del Estado de Illinois. La inminencia del nuevo siglo abría para Obama múltiples expectativas en la política nacional. ©

CAPÍTULO 9

BUSH: Septiembre 11
guerra contra el terrorismo

La desaparición de la forma honorable de hacer política por el presidente de una nación es una de las peores cosas que puede suceder. A Nixon lo sometieron al *impeachment* por mentir espiando inútilmente a un adversario que ya estaba derrotado. Dicen los especialistas que existieron motivos fundados para someter a Bush a tal proceso en su gobierno por sospechas de haber mentido para provocar matanzas y sangría económica buscando réditos políticos.

Esta historia comienza el año 2000, cuando se enfrentaron por la nominación del Partido Republicano John McCain y George W. Bush. Era McCain, un héroe de verdad que había luchado en Vietnam y estuvo cinco años en una prisión comunista; apabulló en la elección primaria inicial de New Hampshire a Bush, que ningún mérito podía mostrar a su favor. Sin embargo el hijo del ex presidente, respaldado por la derecha cristiana, hizo guerra sucia en Carolina del Sur e inventando un hijo ilegítimo, dañó la moral de McCain, pese a demostrar éste que en realidad había adoptado una niña de origen bengalí. En el Partido Demócrata, el Vicepresidente Al Gore no tuvo adversarios.

Las diferencias entre Gore y Bush eran abrumadoras. Nacido en Julio de 1946, Bush era el hijo mayor de una familia de petroleros americanos asentados en Texas. Nacido en Tennesse, en marzo de 1948, Al Gore venía de una familia acomodada, de elevado nivel intelectual. Bush obtuvo una maestría en Administración de Empresas en Harvard en 1975; tenía 29 años. Gore se graduó en Estudios Gubernamentales en Harvard en 1969; tenía 21 años. Bush fue piloto en la Texas Air National Guard. Gore cumplió su servicio militar en Vietnam. En los años 70, Bush entró en el campo de los negocios con magros resultados. En los años 70, Gore fue elegido representante al Congreso por Tennesse. Bush se casó con Laura Welch, maestra y bibliotecóloga; tienen gemelas. Gore se casó con Mary Elizabeth Aitcheson, escritora, periodista y activista demócrata; tienen cuatro hijos. Al cumplir 40 años Bush dejó el alcohol a instancias de su esposa. Al cumplir 40 años Gore era Senador de los Estados Unidos. Siendo su padre Gobernador de Texas, en 1990 Bush compró un equipo de béisbol e incursionó en política. Gore publicó en 1992 *Earth in the Balance: Ecology and Human Spirit*, un clásico en la defensa de la ecología. En 1994 Bush fue elegido Gobernador de Texas y mandó a la silla eléctrica a decenas de reos. En 1992 Gore fue elegido Vicepresidente de los Estados Unidos.

Esas elecciones fueron las más discutidas de la historia. Bush no tenía capacidades discursivas muy desarrolladas y sus argumentos daban vueltas en lugares comunes de un *conservadurismo compasivo*. Gore en cambio era un estadista, responsable de muchas medidas exitosas del Presidente Clinton. A Gore se debía la extraordinaria promoción del internet y la aceptación de los gobiernos para negociar medidas de protección ambiental. El favorito en las encuestas fue Gore. El día de las elecciones y contra la tradición de conocer esa misma noche el nombre del ganador, hubo un embrollo en el proceso de conteo de votos. Desde la sede del Partido Demócrata se anunció la victoria de Gore en el Estado de Florida, del cual era Gobernador Jeb Bush, hermano de George. Pero minutos más tarde una de las grandes cadenas de televisión desmintió ese dato destacando más bien la victoria del candidato republicano, generando un debate legal que se extendió por un mes. Luego del recuento manual, como en los países tercermundistas, el Tribunal Supremo falló a favor de los republicanos. Para los sectores liberales fue un caso de fraude electoral.

George W. Bush juró a la Presidencia y su presencia significó un regreso a la era Reagan aunque despojada de la calidad del hombre que derrotó al comunismo. Empezó su administración con un previsible recorte fiscal que dejó cesantes las prestaciones sociales alentadas en el pasado inmediato. Entró en vigencia el polémico escudo antimisiles y hubo negativa a suscribir los Tratados de Kyoto sobre defensa medioambiental. Era visible el poder del Vicepresidente Richard Cheney, conservador del ala dura, amigo y Secretario de Defensa del ex Presidente George H. Bush, en cuya administración tuvo a su cargo la Guerra del Golfo. Otro hombre influyente era Donald Rumsfeld, Secretario de Defensa. Un afro-descendiente, General del Ejército, Colin Powel, héroe de la guerra contra Irak, ofrecía cierto equilibrio que empero quebraba la presencia de Condoleezza Rice, asesora de Seguridad Nacional quien, como Kissinger antes, iba a convertirse en voz cantante.

Los adversarios de los Estados Unidos estaban ya jubilados y nada parecía amenazar la paz. Pero a las 8 a.m. del 11 de septiembre de 2001 empezó a escribirse una historia que iba a desbaratar ese idílico panorama. A esa hora empezaron a despegar desde el aeropuerto de Boston, Los Ángeles, Washington y New Jersey cuatro Boeing en itinerarios de rutina y lo único que los conectaba esa mañana era que en las nóminas de pasajeros figuraban ciudadanos árabes, un libanés y un egipcio, 19 en total.

Cuatro de ellos eran pilotos ubicados en cada uno de los vuelos que fueron secuestrados rompiendo su itinerario. Dos de ellos fueron incrustados contra las Torres del World Trade Center, el tercero en un sector del Pentágono y el otro cayo en un lugar de Pensilvania.

Las vigas de acero de las torres gemelas se empezaron a doblar por efecto del fuego jalando las columnas hasta derrumbarlas. Miles de toneladas de mármol, concreto, acero, vidrio, muebles, equipos y seres humanos, en trágico revoltijo, se precipitan con enorme estruendo creando una estela de ceniza y polvo.

A las 20.30 de ese día el Presidente Bush se dirigió a la nación: *Fue un ataque terrorista. Devolveremos el golpe. Perseguiremos a los responsables y les haremos pagar su crimen.* Declaro la guerra al terrorismo. Esa noche pocos durmieron en Nueva York y el resto de la Unión. Nadie estaba a salvo, los enemigos habían atacado por primera vez en casa. La condena a los terroristas fue universal y en ello coincidieron iglesias, gobiernos, organizaciones civiles y medios de comunicación. Increíblemente, no faltó gente que se manifestó contra los Estados Unidos.

En esos días me encontraba en La Paz-Bolivia, donde tengo familia y amigos. Producido el atentado del 11 de septiembre, el hecho conmovió a toda la ciudadanía boliviana, pero un sector radical de izquierda --que hoy está en el gobierno de ese país-- programo una manifestación contra el anuncio de guerra al terrorismo que hizo el Presidente de Estados Unidos. Con un grupo de personas llegué a la Embajada Americana para expresar solidaridad ante el incalificable atentado terrorista. Después de reunirnos brevemente con miembros de la legación salimos caminando por las calles del centro de La Paz, donde casualmente se desarrollaba la manifestación anti norteamericana. En el momento en que esa gente iba a quemar una bandera de los Estados Unidos, la indignación nos afecto y encarándome con los manifestantes logré arrebatarles esa bandera. Estaba junto a mi Gonzalo Simbrón, un popular dirigente político. Fue un acto absolutamente sincero y espontáneo. Conservo esa bandera flameando en el pórtico de mi casa en San Agustín, Florida.

El amanecer del 12 de septiembre mostró un panorama desolador en la Zona Cero, un vacío donde antes estaban las dos orgullosas torres. Habían muerto 2992 personas, entre ellos 247 latinos. También 343 bomberos, 23 policías y 37 policías portuarios. 24 desaparecidos jamás fueron hallados. Las pérdidas sumaban miles de millones de dólares. Sólo el dinero físico pulverizado ascendía a cifras incalculables tanto que durante semanas hubo una marcada ausencia de dinero *cash*. Se suspendieron los servicios de electricidad, telefonía y gas. El distrito financiero quedó paralizado. Por primera vez NYSE y NADAQ dejaron de funcionar y cuando reabrieron operaciones, el índice Dow Jones cayó en 7,1% en un solo día y en esa semana perdió el 14,3%. Fue cerrado el espacio aéreo de Estados Unidos y Canadá.

A 72 horas del ataque, el mayor operativo de la historia del que participaron siete mil agentes del FBI y el Departamento de Justicia, permitió identificar a los 19 terroristas cuyo rastro se siguió a través de tarjetas de crédito, llamadas, residencias, compras, etc. Ninguno había tratado de ocultar su identidad y todos eran gente de clase acomodada y formación profesional en sus países de origen. Para llevar a cabo el ataque invirtieron medio millón de dólares. Pertenecían a la organización Al Qaeda y su líder era el millonario árabe Osama Bin Laden.

El gobierno aprobó la Ley Patriótica limitando algunas libertades y derechos constitucionales. Se creó el Departamento de Seguridad Nacional para la lucha antiterrorista. Y aunque hubo oposición a medidas como la intervención de llamadas telefónicas, las encuestas mostraron que el 86% del país aprobaba al Presidente Bush, quien lanzó una advertencia a los Estados que protegieran terroristas, fijando como objetivo la captura de Osama bin Laden. Ante las evidencias de que Afganistán cobijaba a Al Qaeda, se conminó la entregar de Bin Laden, pero ese gobierno no quiso ni escuchar la demanda. El 7 de octubre, respaldado por la OTAN y Naciones Unidas, Estados Unidos invadió Afganistan, Kabul fue tomada el 13 de noviembre, Bin Laden no fue encontrado y los talibanes organizaron guerrillas.

La vida de los americanos nunca fue la misma de antes del 11-S. La administración Bush postergó muchos de sus propósitos para consagrarse a la seguridad del país llegando a la conclusión de que el enemigo principal era Irak. Existían indicios (que resultaron falsos) de que Sadam Hussein, luego de la paliza que recibió diez años atrás, se preparaba para la revancha mediante el uso de armas de destrucción masiva en vinculación con Al Qaeda. Naciones Unidas anunció inspecciones que Hussein impugnó. El Consejo de Seguridad de la ONU dio una última oportunidad para tales inspecciones advirtiendo que rehusarse lo expondría a *graves consecuencias*.

Estados Unidos formó una fuerza militar en alianza con varios países. El 20 de marzo de 2003 comenzó el ataque con bombardeos masivos sobre Bagdad. Irak respondió atacando a Kuwait. Tropas americanas cruzaron la frontera y avanzaron por el desierto, mientras los soldados ingleses avanzaban a la segunda ciudad más grande, Basora. Escasa resistencia encontraron las tropas aliadas. Su arsenal era grande pero convencional y, como se demostró hasta el final de la guerra, no poseía armas de destrucción masiva. Tampoco Hussein tenía relación con Osama Bin Laden. En 40 días la situación estuvo bajo control americano Hussein desapareció, y en Mayo, el Presidente desde un portaviones dijo: **misión cumplida**.

El país estaba bajo control angloamericano, pero iba a comenzar una prolongada guerra terrorista con bajas periódicas tanto de soldados de la coalición como en la población civil. 167 periodistas de distintas nacionalidades han muerto y otros 69 fueron secuestrados. La cifra de iraquíes muertos es alta, Naciones Unidas las calcula en 150.000, algunas publicaciones cuadruplican esa cifra. Al cierre de este libro la cifra de bajas americanas en acciones terroristas llegaba a cuatro mil.

El costo de mantener la ocupación fue una sangría calculada en seis mil millones de dólares mensuales, lo que en cinco años supone una cifra astronómica causante del déficit y la recesión. El precio del petróleo se disparó y la economía entró en crisis. El terrorismo islámico atacó en Londres y Madrid, donde un atentado con explosivos en la Estación de Atocha asesinó a centenares de españoles, causando un terremoto político luego de que el gobierno conservador adjudicara al ataque a ETA, aunque en realidad era una venganza islámica por la participación de España en Irak. El hecho, en pleno proceso electoral posibilitó la victoria socialista.

El rastro de Hussein se perdió en al desierto, pero el 13 de diciembre de 2003 un grupo de kurdos y americanos lo descubrieron en un hueco cerca de Tikrit. Fue sometido a juicio por un Alto Tribunal Penal acusado de crímenes contra la humanidad y condenado a morir en la horca, lo mismo que sus principales colaboradores. El portal *YouTube* mostró su ejecución grabada en celular por algún testigo que seguramente hizo buen dinero con la escena que irritó a la opinión pública mundial. Ello aumentó la impopularidad del gobierno americano.

Estados Unidos protegió el proceso de instalar un nuevo gobierno democrático, aunque la normalidad está lejos de alcanzarse. La presencia norteamericana es impopular por las víctimas, el costo de la guerra y el comportamiento de los soldados, luego de que se revelaron las torturas a las que sometían a los prisioneros. Muertes de periodistas extranjeros han sido adjudicadas a soldados americanos. Gran parte de la opinión pública en América está contra la guerra en Irak. Países aliados se han dividido por el tema. El líder de la mayoría demócrata, Senador Harry Reid sostiene que *la Guerra en Irak está perdida*. Muchos ven la repetición de Vietnam.

Aunque George W. Bush logró el respaldo del país en 2004, derrotando en las elecciones al demócrata John Kerry, porque era mayor el temor al terrorismo que las deficiencias del gobierno, su administración fue poco relevante en todos los otros temas de la vida americana. Se lo recordará como un *señor de la guerra* que después de Irak trató de iniciar una nueva aventura en Irán con los mismos pretextos --armas de destrucción masiva--, que en el caso de Irak fueron una falsedad.

La falsedad empezó a caracterizar la vida de los Estados Unidos y del sistema capitalista en general. Cinco de las diez quiebras más grandes de la historia de los Estados Unidos se dieron en este tiempo, entre ellas WorldCom, el gigante de las telecomunicaciones. Más grave fue lo sucedido con ENRON, considerada la mayor quiebra de la historia americana.

La gente empezó a perder confianza en el sistema. ¿Cómo era posible que especuladores apostaran con dinero ajeno y arruinaran a miles de personas, sin que exista un mecanismo para evitar tal fraude? Quedó en evidencia que el sistema se había liberalizado en extremo. La búsqueda egoísta del triunfo personal sin importar los heridos que se dejan en el camino, destruía la decencia y el altruismo, que eran también elementos del sistema capitalista. Resultaba urgente encontrar mecanismos contra el ansia de riqueza rápida y el endeudamiento promovido por el consumismo ilimitado. En suma, el *neoliberalismo* no era la panacea.

Subían los combustibles y había enojo en el público, el mundo responsabilizaba a los Estados Unidos por los trastornos climáticos y el huracán Katrina devastó la región comprendida entre Luisiana, Misisipi y Alabama. El drama de los afectados fue conmovedor y la primera potencia del mundo demostró una incompetencia tercermundista para enfrentar tal emergencia, incapaz de evacuar oportunamente a quienes quedaron atrapados en New Orleáns. El Presidente Bush hizo una desafortunada declaración sobre esa ciudad, prometió el apoyo del gobierno, pero no pudo evitar la muerte de centenares. Estados Unidos no supo ponerse a la altura de la más grande catástrofe natural de su historia.

Tras Katrina llegaron los escándalos, primero la denuncia contra Tom DeLay, el líder republicano en la Cámara de Representantes, por desvío de fondos electorales y lavado de dinero. Luego una trama de venganzas y misterios inconfesables. Una agente encubierta de la CIA, Valery Palme, abandonada a su suerte luego de que un alto miembro del gobierno revelara su nombre, como una innoble represalia contra su esposo, el diplomático Joseph Wilson, quien denunciara la falsedad de las "pruebas" que la administración Bush había mostrado para justificar la invasión a Irak. Un fiscal investigó el caso e involucró entre otros al principal asesor político del Presidente Bush y el jefe de gabinete del Vicepresidente Cheney. Más tarde el propio Bush removió del cargo al Director de la CIA.

En su segundo período, Bush reemplazó al Secretario de Estado Colin Powell por Condoleezza Rice y continuó centrado en la guerra contra el terrorismo y la situación en Irak, sometidas las fuerzas americanas y el pueblo iraquí a la violencia. Bush se propuso el regreso de los soldados luego de pacificar Irak, pero los plazos se alargaron pues ya no podía abandonar a su suerte al régimen que ayudó a establecer.

El petróleo radicalizaba la crisis. A los precios altos se sumó la demanda de China y la India, incidiendo en nuevos incrementos. El barril de petróleo alcanzó los 80 dólares en el 2006 y el precio pasó de los 100 dólares en el 2007. En el verano del 2008--, el precio llegaba a los 150 dólares. Bush se fijó como objetivo reemplazar el 75% de las importaciones de petróleo del Medio Oriente en un proceso al año 2025, lo que es visto como una dependencia del petróleo venezolano que envalentona al dictador de ese país caribeño.

La crisis inmobiliaria fue otro revulsivo. Los estímulos para reactivar la economía y el consumo en el período 2000-2001, entre ellos la rebaja de las tasas de interés de los créditos hipotecarios, provocaron una explosión en el mercado inmobiliario. Los precios de las viviendas en alza y las facilidades para los créditos hipotecarios generaron una ola especulativa sin precedentes. Los precios de las viviendas y bienes inmuebles se duplicaron en cinco años, en una entusiasta era de prosperidad de la que participaron ciudadanos, intermediadores y bancos. Sé promovió una segunda hipoteca –*subprime*--.

Inesperadamente ese oasis financiero comenzó a secarse al bajar la demanda de viviendas y subir las tasas de interés. Los inversionistas provocaron caídas en las acciones de los paquetes hipotecarios. El mercado empezó a paralizarse, los precios fueron cayendo, aumentaron las deudas impagas, los bancos empezaron a desalojar a los insolventes y sus familias rematando viviendas para recuperar capitales. El desastre fue en cadena. Millones de americanos, que apenas podían cancelar sus cuotas, vieron cómo su deuda aumentaba en lugar de rebajar. Las entidades que tomaron las hipotecas *subprime* empezaron a demorar sus pagos. Al menos un millón de familias vieron su propiedad embargada.

La oferta inmobiliaria derrumbó los precios. Los inversores, bancos y aseguradoras vieron cómo billones de dólares se convertían en papeles sin valor. La especulación financiera dejaba otro hueco que haría derramar lágrimas en muchos hogares americanos. La crisis fue inocultable.

En su presupuesto para el año 2008, el Presidente Bush sustentó un plan basándose en el *gasto responsable* para equilibrar el déficit en los próximos cuatro años, lo que no parece tarea fácil por el monto astronómico del mismo. La premisa es *bajos impuestos y menos gastos*, incidiendo en que *"el crecimiento de los programas de beneficios sociales como Medicare y Seguro Social es insostenible"*.

El gobierno adoptó un sistema de salud basado en la premisa de dar a los ciudadanos el derecho de escoger la calidad de servicios que desee, estableciendo un *mercado de salud* basado en la información, la mejora a través de la tecnología y el libre albedrío. Se dejó abierta la puerta para que el *Medicare* migre a proveedores individuales de salud. Se habilitaron Asociaciones para Planes de Salud basándose en pequeñas empresas. Era la privatización de la salud en un país en crisis.

Como nunca antes los inmigrantes recibieron mal trato en el último decenio. Duras normas de ingreso y legalización afectaron especialmente a los latinos pese a que más de 24.000 soldados hispanos combatieron en las guerras de Bush en Afganistán e Irak y 400 murieron en combate. El Gral. Ricardo Sánchez comandó las operaciones de Irak en los violentos momentos iniciales de la guerra. Para miles de jóvenes latinos, la guerra era su manera de ganar un lugar en la sociedad americana, en un momento en que las condiciones para legalizar la presencia hispana se ponían difíciles y muchos otros creyeron en la promesa oficial de ver abiertas las puertas de las universidades americanas para los excombatientes.

Bush pasará a la historia por el dudoso mérito de erigir un muro a lo largo de la frontera con México, lo que es inadmisible en la patria de Kennedy y Reagan que lucharon contra los muros que dividen a los seres humanos y derribaron el que habían levantado los comunistas en Berlín. ©

CAPÍTULO 10

ELECCIONES 2008, la hora del cambio

Entre la primera Guerra del Golfo y el derrumbe del comunismo, en círculos intelectuales de América surgió la tesis sobre *el fin de la historia*. El que la formuló fue un cientista político de origen japonés, aunque de nacionalidad americana, llamado Francis Fukuyama. Él sostenía que, al haber desaparecido las discrepancias ideológicas, llegaba finalmente la paz universal bajo el manto de la democracia y el mercado. Otro intelectual, Samuel Huntington, advertía sin embargo que al colapsar el socialismo real, los nuevos adversarios de la civilización serían las religiones y los nacionalismos étnicos. Huntington estaba más cerca de la verdad.

Nadie en sana salud pondría hoy en duda algunas verdades. Por ejemplo que la civilización es tecnología y no tiene más lindero que el que Dios le oponga; las comunicaciones han reducido al mundo al tamaño de un pañuelo; el internet ha quebrado las fronteras del conocimiento humano; la globalización es incuestionable. Por tanto, las guerras del presente carecen de argumento ideológico, aunque están vinculadas a reclamos de larga data, anhelos insatisfechos y desafíos por estrenar.

Los seres humanos quieren más libertad y menos pobreza. Claman por democracia, justicia, inclusión, trabajo, seguridad. La agenda de hoy incluye al cambio climático, los flujos migratorios, el reto de la energía, la promoción de las inversiones, el intercambio comercial y tecnológico, el encarecimiento de los alimentos...

De modo que las vertientes en pugna tienen que ver con la forma en que los hombres enfrentan tales retos. O lo hacen con las herramientas modernas del conocimiento, o lo hacen con la mirada en el pasado y apelando a la violencia. Aquellos miran hacia nuevas fronteras; estos quieren hacer saltar el mundo en pedazos.

Mientras el género humano se incorpora a la modernidad, bolsones retrógrados se manifiestan en toda la geografía planetaria, aunque erigieron santuarios en el Medio Oriente y la América del Sur. El factor común que los une es el odio a los Estados Unidos.

El conflicto del Medio Oriente ocupa partes esenciales de todos los capítulos de este libro. Allí quedaron descritos los afanes de Israel por existir, las grandes guerras árabe-israelíes, los odios seculares entre chiitas y sunnitas que expresan la tensión en Irán e Irak, la insurgencia palestina, la destrucción del Líbano, los intentos de paz prohijados por Washington, el terrorismo en nombre del Profeta y, como sustrato económico el petróleo, auténtica *madre de todas las guerras*.

Organizaciones terroristas como Hezbollah, Hamas y la Jihad Islámica no están dispuestas a tolerar a Israel. La mayor amenaza de violencia en el nombre de Dios, es el régimen fundamentalista de Irán, cuyo presidente es sospechoso de alentar el desarrollo de armas de destrucción masiva. En una extraña alianza con el presidente venezolano, Hugo Chávez, los petroleros utilizan el arma del petróleo en lo que parece una conspiración universal.

Barack Obama tiene clara la figura respecto al Medio Oriente. Ha dicho que su gobierno mantendrá la alianza política y militar con Israel, apoyando la idea de un futuro Estado Palestino y un Estado Judío. Cree que "el peligro de Irán es serio, es real y mi objetivo será eliminar esa amenaza, pues representó siempre una mayor amenaza para Israel que Irak". Sostiene que "el gobierno fundamentalista de Teherán está envalentonado y constituye el mayor desafío estratégico para Estados Unidos en Medio Oriente en una generación". Obama asegura que su presidencia nunca transigirá en lo que respecta a la seguridad de Israel.

Advierte que trabajará para aislar al movimiento Hamas y que "no hay lugar en la mesa de negociaciones para organizaciones terroristas".

Antes de que comenzara la guerra en Irak, el entonces senador Obama advirtió que esa guerra estaba equivocada, inclusive en su concepción. Sostuvo que Saddam Hussein no planteaba ninguna amenaza inminente a los Estados Unidos y que la invasión conduciría a una ocupación de duración, costo y consecuencias indeterminados. Tenía razón. Desde entonces, Barack Obama ha insistido en un plan para salir adelante en Irak, concluyendo el conflicto, conservando el honor nacional e instituyendo una estrategia de paz en Medio Oriente que sea aceptable para las partes.

No es entonces el fin de la historia. En realidad el mundo está viviendo un momento de cambios. Y en América, esta hora de cambios tiene como protagonista a Barack Obama.

En una visión hemisférica, América Latina también cambia. Experimenta hoy el ciclo más favorable de las últimas tres décadas como efecto de la insurgencia económica de China e India, cuyos requerimientos de materias primas, minerales, petróleo, productos agropecuarios, repercuten positivamente en la región. Sin embargo, uno de cada tres latinoamericanos siguen viviendo con menos de dos dólares al día. El crecimiento, el ahorro y la inversión son insuficientes, el desempleo es abierto y la población es víctima del crimen y la inseguridad, esterilizando sus emprendimientos productivos. La gente sale de sus lugares de origen buscando un alero mas seguro para sus inquietudes en los Estados Unidos o Europa.

Estados Unidos administra mal esa presencia. Lo deseable sería que ayude a los países latinoamericanos para que no tengan necesidad de exportar población. Pero el gobierno federal comete dos errores: 1) gasta dinero de los contribuyentes en ese tipo de cooperación, pero la calidad de la misma o está mal enfocada o es ineficiente la difusión de sus resultados como apoyo al desarrollo socioeconómico de los beneficiarios; 2) no ha hecho nada o muy poco para proteger la democracia en la región, dejándola expuesta a caudillos y gobiernos populistas con inclinaciones totalitarias como Venezuela, Nicaragua, Bolivia y Ecuador.

Históricamente la comunidad hispana ha votado por candidatos demócratas en las elecciones presidenciales y Barack Obama confirma esa tendencia mucho más claramente que en los procesos electorales anteriores. Obama ha manifestado que al llegar a la Casa Blanca sumará a los hispanos en la tarea común de superar la crisis que agobia a la nación ya que su fuerza es indispensable para movilizar la producción agrícola, la construcción, la industria o los servicios.

Según las oficinas censales del gobierno federal, 45.5 millones de latinos viven en Estados Unidos. Se supone que la cifra supera los 50 millones con los indocumentados. Es la minoría más numerosa y constituye una comunidad que compra bienes por 800 mil millones de dólares anualmente y mantiene dos millones de empresas, lo que la hace imprescindible para el sistema económico americano. El poder adquisitivo de los hispanos superó al de los afroamericanos.

Pero sufren más intensamente el impacto de la crisis en América. La tasa hispana de desempleo en este año llega al 5,5% en tanto en el resto de la población es de 4,7%. El nivel de pobreza de los hispanos supera el 20% mientras el de los sajones no excede el 10%. Quienes carecen de seguro médico son mayoritariamente hispanos, casi 4 de cada diez; en cambio sólo 1 de cada 10 anglosajones y 2 de cada 10 afroamericanos están en esa situación.

A pesar de ello los hispanos muestran mayor juego de cintura a la hora de enfrentar la crisis. Ellos vinieron de países donde la batalla por el pan diario es homérica y si bien en Norteamérica acceden al progreso personal e inclusive la riqueza, no tendrían problemas para volver a comenzar si experimentaran algún desastre. Esto no se replica actualmente en algunos norteamericanos que encuentran más fácil culpar a otros de sus pasajeros contratiempos.

Esa realidad económica, social y cultural se puede medir en los centenares de publicaciones periódicas en español, con logotipos tradicionales como el Nuevo Herald de Miami, Tiempo Latino (editado por The Washington Post), Hoy (de Los Angeles Times). Es indudable el peso de algunos periodistas hispanos como el argentino Andrés Oppenheimer, cuyas columnas, intervenciones televisivas y libros le han dado envidiable influencia. Las emisoras de radio en español emiten desde toda la geografía americana, en televisión sucede algo parecido destacando cadenas como Univisión con Jorge Ramos o Telemundo, sumándose el aporte informativo de CNN en español y sus íconos, Patricia Janiot, Jorge Gestoso, Jaime Bayly en la Mega, entre otros.

Millones de hispanos trabajan duro para sobrevivir y mantener a sus familias que han quedado en su tierra natal. Se calcula que las remesas que envían exceden los 45 mil millones de dólares anuales y ello desde luego es mucho más efectivo que los programas de cooperación del gobierno federal a los países pobres latinoamericanos.

Es cierto que aún subsisten estereotipos negativos en sectores de la sociedad americana, intolerantes ante la presencia hispana, a la que juzgan atrasada e inculta, prejuicio que una presidencia como la de Barack Obama atenuara, en la medida en que incluya a niños y jóvenes de origen hispano en sus programas de cambio en la educación, pues la deserción escolar afecta duramente a esta comunidad, abriendo un abismo con el resto de la sociedad americana. Obama se ha hecho eco de las múltiples voces de intelectuales y comunicadores que esperan del nuevo gobierno mecanismos para que todos los niños accedan a la escuela y más jóvenes hispanos lleguen a la educación superior, desarrollen maestrías y destaquen en el campo de la investigación, la ciencia, el derecho y la política.

Barack Obama sabe que las reformas migratorias de los gobiernos del pasado fracasaron. Hubo un momento en que en los negocios de Miami mostraban carteles que decían *"aquí se habla también en inglés"*. Pero es indudable que los nuevos inmigrantes aprenden el inglés más rápidamente que sus antecesores y sus hijos se educan preferentemente en este idioma, de modo que las leyes de "Only English" se basan en prejuicios. Las campañas contra la migración han tomado proporciones sobrecogedoras, sobre todo con relación al contrabando de personas por las fronteras. Pero sólo apuntan a un vértice del problema y no a la cuestión misma que responde a una pregunta fundamental: ¿por qué la gente se va de su tierra natal?

La respuesta es simple. Se van, y aquí llegan, porque donde han nacido no hay oportunidades, porque sus líderes están más interesados en tomar el poder que en lo que de verdad le interesa a la gente, que es trabajo, salario digno, salud, educación, comida, seguridad, oportunidades para sus hijos.

La clave entonces está en crear riqueza, aquí y también en el punto de origen de las migraciones. Y el cambio, que debe proponer el presidente Obama, no debe apuntar a exterminar a los ricos, sino acabar con los pobres, permitiéndoles acceder a la riqueza. Pero ojo, riqueza que sea invertida en la gente y no en intereses políticos.

Hugo Chávez, el actual Presidente de Venezuela, recibe millones de dólares cada hora por las exportaciones petroleras de su país a los Estados Unidos. Pero los venezolanos son pobres y apenas tienen lo necesario para subsistir. Todo está racionado, hay filas para comprar un litro de leche o un kilo de pollo, no existen medicinas suficientes en las farmacias, la producción local es inexistente. La democracia va camino a la extinción, el régimen está en entredicho con la Iglesia, los medios de comunicación van colapsando. Las clases acomodadas no pueden disponer de su dinero ni de sus activos. La clase media está depauperada. Se tramita la abolición de la propiedad privada, Chávez intentó una ley para convertir a Venezuela en una sociedad de informantes, la ciudadanía le negó la presidencia vitalicia. Los recursos que recibe Venezuela se usan para tensionar políticamente a la región. En consecuencia, esa no parece la riqueza que necesitan los pueblos latinoamericanos.

Pero sucede que el gobierno de los Estados Unidos, que fue capaz de extender el Nuevo Trato de Roosevelt hasta la América hispana e hizo esa gran cruzada que fue la Alianza para el Progreso, en el último tiempo olvidó su rol respecto a sus aliados al sur del Río Bravo. Para él ultimo gobierno en Washington la suerte de las naciones latino americanas parecía resultarles indiferente, preocupados como estaban en armar guerras de conquista en el Oriente Medio. Además descuidaron la economía en casa, generando la crisis actual, afectando sobre todo a los norteamericanos de clase media para abajo, deprimiendo sus ingresos, incrementando el costo de vida, encareciendo los servicios básicos, introduciendo el virus de la frustración y la desesperanza, lo que a su vez promueve sentimientos xenófobos en algunos blancos y afroamericanos que juzgan a los hispanos como los causantes de sus problemas.

Como lo revela una encuesta de CNN, el 50% de los blancos y afroamericanos no quieren a los hispanos, sin darse cuenta de que los tres grupos y todos los demás que integran el tejido nacional comparten las mismas dificultades y estrecheces a causa de las decisiones desacertadas del gobierno del Ex Presidente Jorge W. Bush.

Lo que sucede es que a contrapelo de la crisis, el éxito económico de los hispanos salta a la vista. Ningún fabricante de productos de consumo, ningún prestador de servicios, ni empresario de la moda o el espectáculo podría prescindir de una población que equivale al 14% del total de los Estados Unidos. Pese a ello, los hispanos son la comunidad más desprotegida y marginada. Como muchos de ellos al llegar a los Estados Unidos no hablan el idioma e ignoran cómo funciona el sistema, actúan en abierta desventaja. Mirados con desdén, les dan los trabajos menos gratos, los explotan laboralmente y es común oír decir que el mayor enemigo del hispano es el hispano. Sólo alguien con la convocatoria de Barack Obama puede asumir la intermediación política de un conglomerado tan heterogéneo e individualista, donde el idioma español es el único factor común, pero cuya tenacidad productiva es notable, tanto que los hispanos han hecho posible el desarrollo económico y humano de ciudades como Miami.

Estados Unidos necesita un liderazgo fuerte, a largo plazo, para superar el mal momento y enfrentar, junto a las naciones más desarrolladas, las tres crisis simultáneas que afectan al mundo: la crisis alimentaría, la crisis climática y la crisis del desarrollo.

Este es el momento de un liderazgo nuevo, como el que encarnó en su tiempo John F. Kennedy. El flamante presidente tendrá que tomar esa posta para conducir América y reordenar el mundo con su capacidad, la justicia inherente al sistema americano y la fuerza creadora de sus pobladores, sea cual fuere su origen.

El nuevo conductor del país deberá renovar el sistema capitalista lastrado por las prácticas especulativas y capacidad de gestión en obsolescencia. Al concluir el siglo pasado se pensó que el modelo basado en las nuevas tecnologías permitiría rebajar los costos de producción y obtener mayores márgenes de beneficios, aumentar los salarios, disminuir los precios y dar trabajo a todos en un ciclo sostenido de crecimiento, baja inflación y pleno empleo. No era verdad, los dueños de la tecnología no lo permitieron y la especulación financiera arruinó tales proyecciones. Quedó descartada la utopía del empleo pleno, se agravaron las desigualdades entre países y personas, cayó el ahorro y subió el endeudamiento, las economías domésticas naufragaron. El neoliberalismo no cerró la brecha entre pobres y ricos y sí ahondó las diferencias que derivaron en nuevos despotismos.

Inclusive los países que intentaron manejar sus economías de manera correcta y equilibrada, dando garantías a las inversiones, moderando los gastos y abriendo perspectivas, fueron abandonados a su suerte en cuanto la crisis se les vino encima, de manera que el FMI y al BM permitieron que gobiernos democráticos fueran barridos por movimientos sociales financiados por petrodólares.

La inexplicable naturaleza humana muestra el espectáculo de multimillonarios como el mexicano Carlos Slim, el genio de Microsoft, Bill Gates, el financista americano Warren Buffet y muchos otros que han logrado acumular legítimamente miles de millones de dólares. Pero, en tanto, a millones de personas les cuesta cada vez más llevar el pan a sus hogares. El desprestigio por las inequidades del sistema capitalista ofrece pretextos para los aspirantes a dictadores surgidos entre el Caribe y los Andes.

Hoy se hace urgente que el nuevo líder proyecte una estrategia concertada que acorte la brecha entre ricos y pobres, transfiriéndoles tecnología, permitiendo la creación de riqueza para países y personas, estimulando la capacidad de generarla, ampliando la demanda, asegurando su sostenibilidad en el tiempo, respetando las reglas del mercado, pero sobre todo, los valores de la democracia representativa.   De lo contrario ninguna de estas metas seria posible ni sustentable.

70 años atrás, un cabo austriaco buscó una estratagema para incendiar Europa, con la idea de instaurar un imperio en nombre de la raza. Un incidente fronterizo con Polonia, montado ex profeso, desató la mayor conflagración de la historia universal, que consumió la vida de cincuenta millones de seres humanos. Aquel incendio fue conjurado por la acción decidida de los Estados Unidos de América.

En marzo del 2008, América del Sur superó apenas un escenario bélico semejante, luego de que el gobierno colombiano ingresó en territorio ecuatoriano para destruir una base terrorista. Venezuela rompió relaciones con Colombia y movilizó regimientos a la frontera. Lo grave fue que después del operativo militar colombiano, que le costó la vida al segundo hombre de las Fuerzas Armadas Revolucionarias de Colombia, Raúl Reyes, sus computadoras revelaron --e INTERPOL confirmó-- que el gobierno venezolano financió con 300 millones de dólares a las FARC, que se proyectaba una alianza de varios países para establecer un régimen continental socialista, con el ulterior propósito de un levantamiento general contra los Estados Unidos. Una cumbre del comando de las FARC con los mandatarios de Venezuela, Nicaragua, Ecuador y Bolivia. Millonaria negociación para adquirir misiles en el Líbano a cambio de partidas de cocaína. Inversiones de las FARC en Venezuela en negocios petroleros. Estrategia para derrocar a Uribe. Planes conjuntos FARC-Chávez para liberar a Ingrid Betancourt. Compra de uranio.

¿Uranio? En la víspera de concluir la redacción de este libro, tuve ocasión de visitar Bolivia y la información que recogí es inquietante. El Presidente Evo Morales ejerce el cargo desde enero de 2006 y desde el primer día hostilizó a los Estados Unidos, con acusaciones infundadas contra el Embajador Philip Goldberg, cuya presencia fue prohibida en el Palacio de Gobierno de La Paz. En mayo de 2008, decenas de miles de ciudadanos de El Alto asediaron la Embajada de los Estados Unidos con el propósito de incendiarla. Dispersada la muchedumbre por la policía, el gobierno destituyó al jefe policial que evitó esa tragedia. Y mientras el Departamento de Estado llamaba a consulta al embajador Goldberg, los productores de coca del Chapare, cuyo líder sindical es el propio Presidente Evo Morales, expulsaron a USAID del territorio.

Vale la pena recordar que el actual régimen boliviano ha desechado la idea de un TLC con los Estados Unidos, a pesar de las ventajas que tienen los micro empresarios bolivianos que acceden al mercado norteamericano. Tampoco aceptan negociar facilidades comerciales con la Unión Europea, y actúan dentro de un esquema más político que comercial, denominado ALBA, que comparte con Cuba, Venezuela y Ecuador. Bolivia ha desconocido contratos con empresas productoras de gas y petróleo poniendo en riesgo tal industria, ha nacionalizado la principal empresa de telecomunicaciones entrando en litigio con un consorcio italiano, nacionalizó la principal planta fundidora de minerales afectando a una empresa suiza y anuncia la nacionalización de las generadoras de energía eléctrica de inversionistas norteamericanos.

El gobierno boliviano entró en conflicto con la vecina República del Perú, su antigua aliada, con cuyo gobernante polemiza de forma áspera. Enfrió su relación con el gobierno del Brasil por el tema del gas. Maltrató de inicio al actual gobierno de México al que se negó a reconocer. Arremete contra España y por extensión a Europa recordando "los 500 años de opresión". Sin embargo ha establecido relaciones diplomáticas con un exótico país del Medio Oriente, Irán, que nunca tuvo ningún tipo de vínculo ni histórico, ni comercial, ni cultural con Bolivia.

Mahmud Admadinejah, el líder fundamentalista que preside Irán, llegó a Bolivia en octubre del año pasado a bordo de un avión venezolano y suscribió apresuradamente convenios de cooperación dentro de una línea antiamericana. Ahmadinejah tiene una alianza con Hugo Chávez. Las Fuerzas Armadas de Venezuela y Bolivia han suscrito una alianza militar defensiva. Chávez amenazó con un nuevo Vietnam en Bolivia si acaso Evo Morales perdiera un referéndum revocatorio convocado para agosto de este año. Se ha establecido la presencia de militares y armamento venezolanos en el Palacio de Gobierno de Bolivia. Se construye un aparatoso edificio que acogerá a la embajada venezolana, el ALBA y la cooperación militar. Irán abrirá una suntuosa embajada en un barrio exclusivo de La Paz.

¿A qué se debe que un país del que sólo algunos niños bolivianos tuvieron alguna lejana referencia en los cuentos de Las Mil y una Noches tenga tanto interés en entablar y mantener relaciones con Bolivia?

La respuesta que obtuve en la capital boliviana fue "uranio". Bolivia ha sido desde siempre un enorme reservorio de minerales, plata en la colonia, estaño, wolfram, antimonio en la república. Al parecer posee también los mayores yacimientos de litio del continente y, por añadidura, concentraciones de uranio, un elemento radiactivo imprescindible para la fabricación de artefactos nucleares. La ficción del "quinto jinete", el terrorismo nuclear, tendría en los Andes posibilidades de concretarse.

Desde luego la perspectiva de catástrofes de esa envergadura son remotas por la misma dinámica política regional. El rescate de Ingrid Betancourt y otros 15 secuestrados de las FARC ha golpeado al Presidente Chávez, removiendo los cimientos de su proyecto continental. Pero es oportuno que el nuevo inquilino de la Casa Blanca conozca estas versiones que probablemente los organismos de inteligencia podrán precisar con mayor profesionalismo.

El destino de América es inquietante. La crisis financiera, la burbuja inmobiliaria, la depresión del dólar, el alza del petróleo, el desempleo, el colapso de los valores éticos, coincide con una conspiración en lo que fue su patio trasero, al que olvidó de manera insensata. Entre tanto un tercio de la droga que se produce en los Andes pasa por territorio venezolano. La sombra de Hitler se proyecta en América del Sur, con recursos ilimitados y gozando de la indiferencia y del dinero de los

Estados Unidos. De lo que haga el nuevo presidente dependerá el futuro de paz para el continente.

En tanto se ha hecho evidente un fenómeno de hastío general con la llamada "clase política". A excepción de Chile donde el sentido común ha instituido un bipartidismo que funciona, o el Perú donde un antiguo populista gobierna hoy con notable idoneidad logrando los mayores niveles de crecimiento de la región --aunque aún la riqueza no llega a los menos favorecidos--, en el resto del bloque sudamericano los representantes más emblemáticos de la política tradicional cayeron en el desprestigio.

Estados Unidos ve reflejado el mismo fenómeno. La población ya no cree más en el *stablishment washingtoniano*. El pueblo percibe que la corrupción se ha enquistado en Washington. Los americanos sienten que les han mentido demasiado, llevándolos en bandazos del conservadurismo al liberalismo, del anticomunismo al neoliberalismo, sin que el poder económico acumulado en décadas de penurias y éxitos, de guerras y conflictos, les hubiera dejado la sensación de que están bien porque se lo merecen.

Los americanos están hartos con las mentiras de George W. Bush, sin que importe si mintió deliberadamente o lo hizo porque lo engañó su entorno. El ciudadano está irritado al darse cuenta de que su pueblo está dividido y se siente incapacitado para decidir, porque duda de lo que le dicen quienes lo han gobernado. No es una cuestión ideológica, sino de credibilidad.

El americano se ha vuelto escéptico y ya no cree en el *gobierno del pueblo y para el pueblo*. Obama deberá luchar por erradicar la corrupción en Washington que es una afrenta para los dos grandes partidos. Propugnar por un gobierno abierto y honesto e inclusive conseguir aliados republicanos para limitar la influencia de los lobbies y cabilderos.

Si las virtudes y fortalezas de Roosevelt, Kennedy y Reagan se concentraran en la Casa Blanca en esta gestión, se podrá decir que Estados Unidos reencontró su destino. Porque hoy América enfrenta enemigos que se han propuesto debilitar las columnas donde radica su fortaleza. Una de esas columnas es la educación hoy tan venida a menos. Durante su campaña Barack Obama sostuvo que "les estamos fallando a los niños" al confirmar que hay más de seis millones de estudiantes de escuela secundaria y de escuela media secundaria, que leen a un nivel más bajo del que deberían hacerlo. Obama proyecta reformas estructurales, con una fuerte inversión de recursos, privilegiando la educación para todos, blancos, afroamericanos, hispanos, asiáticos, bajo la premisa de que la educación iguala a todos en sus anhelos de progreso e inclusión social.

Otro pilar debilitado es el seguro médico. Barack Obama señalo que más de 46 millones de estadounidenses no lo tienen, ni pueden pagar sus cuentas por servicios médicos de manera que los problemas de salud son la principal causa de la bancarrota personal. Para los republicanos *"los programas como el Medicare y Seguro Social son insostenibles"* y prefieren dejar la salud sometida a las leyes de la oferta y la demanda, librada a la presión que puedan ejercer la industria farmacéutica, los consorcios de investigación biológica, los fabricantes de vacunas y equipos médicos y los dueños de la tecnología para combatir el cáncer o el SIDA, cuyo tratamiento estará franqueado sólo a quienes puedan pagar. Frente a un mercado de la salud, el presidente Obama, tiene la mente clara en cuanto a la necesidad de un sistema de salud que funcione a plenitud, fomentando la cobertura médica de alta calidad que sea económicamente accesible. Según su campana, en su gobierno el *Medicare* no migrará a proveedores privados de salud.

Están en agenda otros temas que tienen que ver con la sociedad y la familia, el consumo de drogas, el aborto, la homosexualidad, el matrimonio entre gays. Hay la sensación de que el hogar americano va perdiendo su solidaridad como núcleo de la sociedad americana. Corrupción en los elevados círculos de poder. Ambición y codicia como motores de una sociedad que extravía sus principios. Libertinaje, deterioro moral. Esto y más forman los rasgos de una sociedad que merece mejor suerte.

Hace medio siglo John F. Kennedy empezó a responder el cuestionario de la Guerra Fría con una propuesta de cambio en fraternidad, sin odios ideológicos, ni revanchas mezquinas. Un cambio altruista y generoso, dando la mano a los menos favorecidos desde la nación más poderosa del planeta. En la misma dimensión los americanos de hoy quieren también una propuesta de cambio creíble para nuestros días.

Al repasar la historia de esta gran nación, que de alguna manera es la historia del mundo contemporáneo en su inclaudicable lucha por la libertad, intenté rescatar las páginas más brillantes y también los claroscuros del pasado reciente. Lo hice inspirado en la personalidad del presidente norteamericano más querido y recordado, JFK, quien quiso el cambio no a través de una revolución sino como resultado de una renovación de los contenidos de nuestro sistema de vida.   Me ha inspirado también la vibrante presencia de Barack Obama en el escenario público, que merecerá un capítulo extraordinario en la Historia de los Estados Unidos.

Por estas páginas han desfilado nuestros presidentes, sus dudas y aciertos ante distintos desafíos de la historia contemporánea. Kennedy ofreciendo una alternativa frente a la Guerra Fría; Johnson sufriendo el peso de la historia con Vietnam; Ford haciendo de puente entre del poder y la caída; Carter proponiendo expiar los pecados del triunfalismo; Reagan poniendo de pie otra vez a la nación y derrotando a su peor adversario; Bush (padre) enfrentando al fenómeno de las drogas y la violencia fundamentalista; Clinton inaugurando una era de neoliberalismo, globalización e internautas; Bush (hijo) destruyendo los valores de todos los anteriores juntos.

No, querido lector, no es el fin de la historia. Algo bueno ha comenzado con las nuevas elecciones de Noviembre. Por ello este es un libro optimista a pesar de señalar errores del pasado reciente. Porque apunta a los aciertos del futuro. Porque su autor cree en los Estados Unidos de América, tiene fe en las nuevas fronteras a ser conquistadas y cree que aún hay cosas por las que vale la pena jugarse la vida. ©

Luis Wallpher González
San Agustín, agosto de 2008.

CHAPTER 10

2008-YEAR OF ELECTIONS,
the time of change

Between the first Gulf War and the crash of Communism, in the intellectual circles of America emerged a thesis on the *end of history*. A political scientist of Japanese origin and American nationality, called Francis Fukuyama, formulated this thesis. He affirmed that since ideological discrepancies had disappeared, it finally arrived the moment of a universal peace under the mantle of democracy and the market. Another intellectual, Samuel Huntington noticed however, that since real socialism had collapsed, the new adversaries of civilization would be some religions and ethnic nationalisms. Huntington was the one who got closer to the truth.

Nobody in a healthy state of mind would be in doubt today about some truths. For example that technology is civilization and does not have other limits than those imposed by God; communications have reduced the world to the size of a handkerchief; the Internet has erased the frontiers of human knowledge; globalization is unquestionable. Therefore, the wars of today lack ideological arguments, although they are linked to long data demands, unsatisfied yearnings and the initiation of new challenges.

Human beings want more freedom and less poverty. They claim for democracy, justice, inclusion, work, and security. Today's agendas include climatic change, migratory flows, and the challenge of energy, promotion of investments, commercial and technological exchange, and increases in the prices of food...

So the current struggles have to do with the way men face such challenges. Some do it with the modern tools of knowledge, others do it looking at the past and appealing to violence. The first ones look for new frontiers; the others want to destroy the planet in pieces.

While the human gender incorporates to modernity, retrograde reservoirs manifest themselves around the world, although they erected sanctuaries in the Middle East and South America. The common factor that unites them is hatred to the United States.

The conflict of the Middle East occupies essential parts of all the chapters of this book. There, are described the eagerness of Israel to exist, the great Arab-Israeli wars, secular hatreds between Shia and Sunnite who express the tension in Iran and Iraq, the Palestine insurgency, the destruction of Lebanon, the attempts for peace adopted by Washington, terrorism in the name of the Prophet and, oil as the economic substrate and authentic *mother of all the wars*. Terrorist organizations like Hezbollah, Hamas and the Islamic Jihad are not willing to tolerate Israel. The greater threat of violence in the name of God, is the fundamentalist regime of Iran, whose president is suspicious to encourage the development of arms of massive destruction. He is in a strange alliance with the Venezuelan president, Hugo Chavez.

Barack Obama has a clear picture with respect to the Middle East. He has expressed that his government will maintain a political and military alliance with Israel, supporting the idea of a future Palestinian State and a Jewish State. He thinks that "the danger of Iran is serious, is real and my objective will be to eliminate that threat, because it always represented a greater threat for Israel than Iraq". He maintains "the fundamentalist government of Tehran has become bolder and constitutes the greater strategic challenge for the United States in the Middle East for the next generation". Obama assures that its presidency will never give in with regards to the security of Israel. He claims that he will work to isolate the Hamas movement and that "there is no place in the table of negotiations for terrorist organizations".

Before the war in Iraq began, Obama who was a senator then, declared that such war was a mistake, including its conception. He maintained that Saddam Hussein did not constitute any imminent threat to the United States and that the invasion would lead to an occupation of unknown duration, cost and consequences. He was right. Since then, Barack Obama has insisted on a plan to finish ahead in Iraq, concluding the conflict, preserving the national honor and instituting a peace strategy in the Middle East that would be acceptable for the parts.

It is not the end of history, then. In fact, the world is living a time of changes. And, in America, this time of changes has Barack Obama as the protagonist.

In a hemispherical vision, Latin America is also changing. Today it undergoes the most favorable cycle of the last three decades as a result of the economic boom of China and India, whose demands for raw materials, minerals, oil and agricultural products, have a positive effect in the region. Nevertheless, one of each three Latin Americans continues living with less than two dollars a day. The growth, the savings, and investments are insufficient, there is an open unemployment and the population is a victim of crime and insecurity, affecting its productivity. People leave their places of origin looking for safer eaves for their hopes in the U.S.A. or Europe.

The United States administers that presence badly. The desirable thing would be a help to Latin America that would stop the need to leave to other lands. But the federal government made many mistakes, two examples, very important to name: 1) spends money of the contributors in a type of cooperation, where the quality of the same leaves much to be desired or is badly focused; 2) it has not made anything to protect democracy in the region, letting it exposed to caudillos and populist governments with totalitarian inclinations. (Venezuela, Nicaragua, Bolivia, Ecuador).

Historically, the Hispanic community has voted in presidential elections for democratic candidates, and Barack Obama clearly confirms that tendency much more than in previous electoral processes. Obama has declared that when he arrives to the White House he will add Hispanics in the common task of overcoming the crisis that oppresses the nation, since their strength is indispensable to mobilize agricultural production, construction, industry and all kind of services.

According to the census offices of the federal government, 45,5 million of Latinos live in the United States. One assumes that the number surpasses 50 million with undocumented people. It is the most numerous minorities and it forms a community that buys goods for 800 billions of dollars annually and supports two million companies. This makes it essential for the American economic system. The spending power of Hispanics has surpassed that of the Afro-American.

But they undergo more intensely the impact of the crisis in America. This year the Hispanics rate of unemployment reached 5.5% while that for the rest of the population was 4.7%. The level of poverty of Hispanics surpasses 20% while the one of the Saxons does not exceed 10%. Those lacking medical insurance are mainly Hispanic, almost 4 of each ten persons. However, only 1 of each 10 Anglo-Saxons and 2 of each 10 Afro-Americans are in that situation.

In spite of this, Hispanics show a greater ability at the time of facing the crisis. They came from countries where the battle for the daily bread is Homeric and although in North America they accede to personal progress and even wealth, they would not have any problem to start again if they underwent some disaster. At this moment, this is not replicated in some North Americans, who find it easier to blame others for their transient misfortunes.

That economic, social and cultural reality can be measured by the hundreds of periodic publications in Spanish, with traditional logos like the New Herald of Miami, Latin Time (published by The Washington Post), and Today (of Los Angeles Times). There is no doubt about the importance of some Hispanic journalists like the Argentinean Andres Oppenheimer, whose columns, television interventions and books have given him an enviable influence. Radio broadcasts in Spanish transmit from all the American geography. Something similar happens in television, standing out chains like Univision with Jorge Ramos or Telemundo, and adding to it the informative contribution of CNN in Spanish and their icons, Patricia Janiot, Jorge Gestoso, Jaime Bayly and many others.

Millions of Hispanics work hard to survive and to maintain their families who stayed in their native lands. It is calculated that the remittances they send exceed 45 billions dollars annually and that, of course, is much more effective than the programs of cooperation of the federal government to Latin American poor countries.

It is truth that certain negative stereotypes still subsist in American society, intolerant before a Hispanic presence which they judge slow and uncultured, a prejudice that a presidency like the one of Barack Obama will attenuate; insofar as it includes children and young people of Hispanic origin in his programs of change in the education because scholastic desertion affects hard to this community, opening an abyss with the rest of American society. Obama has heard the echo of the multiple voices of intellectuals and communicators who wait for new mechanisms from the government so all the children could accede to the school, more young Hispanics could reach superior education, follow masters degrees and could excel in the fields of investigation, science, law and politics.

The migratory reforms of previous governments have failed. There was a moment when businesses in Miami showed ads that said, "*English is also spoken here*". But there is no doubt that the new immigrants learn English quicker than their predecessors and that their children are preferably educated in this language, so the laws of "English Only" are based on prejudices. The campaigns against migration have moved to astonishing proportions, especially those about the smuggling of people at the borders. But that is only a part of the problem and not to the principal matter that responds to a fundamental question: why people leave their native land? The answer is simple. They leave and arrive here because where they were born there are no opportunities, because their leaders are more interested in having and keeping the power than the interest in favor of the people; which is work, a decent salary, health, education, food, security and opportunities for their children.

The key then, is to create wealth here and also at the point of origin of the migrations. And the change that Obama proposes does not aim to exterminate the rich, but to end poverty, allowing poor people to accede to wealth. But beware, wealth that should be invested in people and not in politicians.

Hugo Chavez, the actual President of Venezuela, receives millions of dollars each hour by the oil exports from his country to the United States. But Venezuelans are poor and hardly have what is needed to subsist. Everything is rationed, there are lines to buy a liter of milk or a pound of chicken, at the drugstores there are not enough medicines, and local production is non-existent. Democracy goes towards extinction, the regime is in a clash with the Church, and means of communication are collapsing. The wealthy cannot dispose of their money or their assets. The middle-class is impoverished. The abolition of private property is in process. The resources that Venezuela receives are used to tense the region politically. Consequently that is not the kind of wealth that Latin America needs.

But it happens that the government of the United States, which was able to extend the New Deal of Roosevelt to the Hispanic America and made that great crusade that, was the Alliance for Progress, in the last time, forgot its role respect to its allies to the south of the Rio Bravo. For the people installed in Washington in the last government, the luck of the Latin American nations was not that important; worried as they were in arming conquest wars in the Middle East. Besides that, they neglected the local economy, generating the present crisis, affecting mainly to middle and lower class North Americans, depressing their income, increasing the cost of life, making basic services more expensive, introducing the virus of frustration and hopelessness, which in turn promotes xenophobic feelings in some white and Afro-Americans that judge Hispanics as the cause of their problems.

As CNN reveals in a survey, 50% of the white and Afro-Americans do not like Hispanics, without realizing that the three groups and all the others that integrate the national weave, share the same difficulties and restrictions because of the unfortunate decisions of the present government of President Bush.

What happens is that in the midst of the crisis, the economic success of the Hispanics becomes more evident to the sight. No manufacturer of consumption products, no services giver, and no entrepreneur of fashion or entertainment could do without a population that is equivalent to 14% of the total of the United States. In spite of this, Hispanics are the most unprotected and marginalized community. Since many of them do not speak the language and ignore how the system works, when they arrive they act with an open disadvantage. They are looked at with disdain, they are given the least pleasing jobs, they are exploited at the workplace and it is commonly heard that the worst enemy of the Hispanic is the Hispanic. Only somebody with the appeal of Barack

Obama can assume the political intermediation of such heterogeneous and individualistic conglomerate, where the Spanish language is the only common factor, but whose productive tenacity is remarkable. So much that Hispanics have made possible the economic and human development of cities like Miami.

The United States needs a strong leadership for the long term, to overcome the bad moment and face, together with the most developed nations, the three simultaneous crises that affect the world: the food crisis, the climatic crisis and the crisis of development.

This it is the moment of a new leadership, like the one, which John F. Kennedy incarnated in his time. The new president will have to take that baton to lead America and rearrange the world with his capacity, the justice inherent in the American system and the creative force of its inhabitants whatever is their origin. He will have to renew the capitalist system encumbered by speculative practices and a management capacity in obsolescence. At the conclusion of the past century, it was thought that the model based on the new technologies would allow reducing production costs and obtaining greater margins of profits, increasing wages, diminishing prices and employing all in a sustained cycle of growth, low inflation and full employment. It was not truth, the owners of technology did not allow it and the financial speculation ruined such projections. The utopia of full employment was discarded, the inequalities among countries and people aggravated, savings fell and indebtedness increased, domestic economies shipwrecked. Neoliberalism did not close the gap between poor and rich men and thus deepened the differences that derived in new despotisms.

Even the countries that tried to handle their economies in a correct and sensible way, giving guarantees to investments, reducing their expenses and opening perspectives, were abandoned to their luck as soon as the crisis came over them; so the IMF and the WB permitted that democratic governments be swept by social movements financed by petrodollars.

The unexplainable human nature shows the spectacle of multimillionaires like the Mexican Carlos Slim, the genius of Microsoft, Bill Gates, the American financier Warren Buffet and many others that have managed to legitimately accumulate thousands of millions of dollars. But, at the same time, millions of people have to struggle to take the bread to their homes. The loss of prestige by the inequities of the capitalist system offers excuses to the aspiring dictators arising between the Caribbean and the Andes.

Today it is urgent that the elected president projects a concerted strategy that reduces the gap between rich and poor, transferring technology to them, allowing the creation of wealth for countries and people, stimulating the capacity to generate it, expanding the demand, assuring its sustainability in time and respecting the rules of the market.

70 years ago, an Austrian corporal looked for a stratagem to set afire Europe, with the idea to install an empire in the name of the race. A border incident, intentionally mounted, with Poland untied the greater conflagration of universal history that consumed the life of fifty million human beings. That fire was extinguished by the decided action of the United States of America.

During March 2008, South America hardly overcame a similar warlike scene, after the Colombian government entered Ecuadorian territory to destroy a terrorist base. Venezuela broke relations with Colombia and mobilized forces to the border. The serious thing was that after the Colombian army operation, that cost the life of the second man of the Revolutionary Armed Forces of Colombia, Raul Reyes; their computers revealed --and INTERPOL confirmed-- that the Venezuelan government financed the FARC with 300 million dollars, that it was projected an alliance of several countries to establish a continental socialist regime with the future intention of a general rise against the United States.

Uranium? In the eve of concluding the writing of this book, I had the opportunity to visit Bolivia and the information that I gathered is disquieting. President Evo Morales exerts the office from January of 2006 and from the first day he harassed the United States, with unfounded accusations against Ambassador Philip Goldberg, whose presence was prohibited in the Palace of Government of La Paz. In the recent May, tens of thousands of citizens of El Alto besieged the Embassy of the United States threaten to set it on fire it. When the police dispersed the crowd, the government dismissed the police chief who avoided that tragedy. And while the Department of State called Ambassador Goldberg for consultation, coca producers of the Chapare, whose union leader is the same President Evo Morales, expelled USAID from the territory.

It is worthy remembering that the present Bolivian regime has rejected the idea of a TLC with the United States, in spite of the advantages that the micro Bolivian industrials who accede to the North American market have. They do not accept to negotiate commercial terms with the European Union either, and act within a scheme, more politic than commercial, denominated ALBA sharing with Cuba, Venezuela and Ecuador. Bolivia has not followed the contracts with gas and petroleum producing companies putting such industry at risk, has nationalized the main company of telecommunications entering in litigation with an Italian consortium, nationalized the main mineral smelting plant affecting a Swiss company and announces the nationalization of electrical power generators owned by American investors.

The Bolivian government entered in a conflict with the neighboring Republic of Peru, his old ally, with whose governor argues in a rough form. Cooled off his relation with the government of Brazil, mistreated from the beginning the present government of Mexico. Attacks Spain and the rest of Europe remembering "the 500 years of oppression". However, he has established diplomatic relations with an exotic country of the Middle East, Iran, which never had any type of historical, commercial, or cultural link with Bolivia. Mahmud Admadinejah, the fundamentalist leader who presides over Iran, arrived to Bolivia in October of last year on board of a Venezuelan airplane and hastily subscribed agreements of cooperation within an anti-American line. Ahmadinejah has an alliance with Hugo Chavez. The Armed Forces of Venezuela and Bolivia have subscribed a defensive military alliance. Chávez threatened with a new Vietnam in Bolivia in case Evo Morales lost a summoned revoking referendum for August of this year. It was established the presence of Venezuelan military men and armament in the Palace of Government of Bolivia. A spectacular building is being finished to accommodate the Venezuelan Embassy, the ALBA and the military cooperation between these countries. Iran will open a sumptuous Embassy in an exclusive neighborhood of La Paz.

Why a country of which only few Bolivian boys had a reference in the stories of the Thousand Nights would have such interest in relations with Bolivia?.

The answer I obtained in the Bolivian capital was "uranium". Bolivia has always been an enormous reservoir of minerals- silver in the colony, tin, tungsten, antimony in the republic. Apparently it also has the largest lithium deposits of the continent and, in addition, uranium concentrations that is an essential radioactive element for the manufacture of nuclear devices. The fiction of the "fifth rider", nuclear terrorism, would have in the Andes possibilities of taking shape.

Of course the perspective of catastrophes of that size is remote by the same regional political dynamics. The rescue of Ingrid Betancourt and other 15 hostages of the FARC has struck President Chávez, removed the foundations of its continental project. But it is opportune that the new resident of the White House knows these versions that probably the intelligence organisms will be able to specify with greater professionalism.

The destiny of America is disquieting. The financial crisis, the real estate bubble, the depression of the dollar, the rise of oil, unemployment, the collapse of the ethical values, coincides with a conspiracy in what it was his back yard that it forgot in a foolish way. In the meantime a third of the drug produced in the Andes goes through Venezuelan territory. The shade of Hitler projects to South America, with limitless resources and enjoying the complicity of the indifference of the last government of the United States. The future of the continent will depend on what the new president does.

Meanwhile, it is evident a phenomenon of general weariness with the so-called "political class". With the exception of Chile where the common sense has instituted a bipartisanism that works, or Peru where an old Populist governs today with remarkable suitability obtaining the largest levels of growth of the region --although still the wealth does not arrive to the least favored--, in the rest of the South American block the most emblematic representatives of traditional politics fell in the loss of prestige and credibility.

The United States sees reflected the same phenomenon. The population no longer believes in the *Washingtonian establishment*. People feel that corruption has become entrenched in Washington. Americans feel that they have been lied too much, taken in violent rolls from conservatism to liberalism, from anti communism to neoliberalism, and the economic power accumulated in decades of shortages and successes, of wars and conflicts, has not leave them with the sensation that they are well because they deserve it.

Americans are fed up with the lies of George W. Bush, no matter if he lied deliberately or he did it because those surrounding him deceived. The citizen is irritated when he realizes that the country is divided and feels unable to decide, because he doubts about what is said to him by those that govern him. It is not an ideological question, but one of credibility.

Americans have become skeptical and no longer believe in the *government of the people for the people*. Obama will have to fight trying to eradicate corruption in Washington.

If the virtues and strengths of Roosevelt, Kennedy and Reagan could be concentrated in the White House with this president, it could be said that the United States encountered again its destiny. Because today, America faces enemies that are determined to weaken the columns where it lays its strength. One of those columns is education that today has come to less. During his campaign Barack Obama affirmed that "we are failing to the children" by confirming that there are more than six million students of high school that read below the level that they should read. Obama projects structural reforms, with a strong investment of resources from the first moment of his presidency, privileging an education for all- white, Afro-American, Hispanic, Asian-, under the premise that education equals all in their yearnings of progress and social inclusion.

Another weakened pillar is medical insurance. Barack Obama indicated that more than 46 million Americans do not have it, or can't pay their bills for medical services either, so health problems are the main cause of personal bankruptcy. For republicans "*the programs as the Medicare and Social Security are untenable*" and they prefer to leave health subject to the laws of supply and demand and the pressure that can be exerted by the pharmaceutical industry, the consortiums of biological investigation, vaccine and medical equipment manufacturers and the owners of the technology to fight against cancer or AIDS, whose treatment is only accessible to those who can pay for it. In front of a market of health, Obama has a clear mind about the necessity of a health system that fully works, promoting medical coverage of high quality that is economically accessible. In his government Medicare will not migrate to private suppliers of health.

In the agenda there are other subjects that have to do with society and the family, consumption of drugs, abortion, homosexuality, and marriage between gays. There is a feeling that the American home is losing its solidarity as the nucleus of the American society. The corruption on the high circles of power, the ambition and greed are the generators of a society that's missing its principles, moral deterioration and licentiousness. Seams like these characteristics are starting to be part of our society that deserves better luck.

Half century ago, John F. Kennedy began answering the questionnaire of the Cold War with a proposal of change in brotherhood, without ideological hatreds or stingy revenges. An altruistic and generous change, giving the hand to the least favored from the most powerful nation of the planet. In the same dimension Americans of today also want a proposal of a credible change for our days.

Reviewing the history of this great nation, that somehow is the history of the contemporary world in its unrelenting fight for freedom; I also tried to rescue the most brilliant pages and also the chiaroscuros of the recent past. I did it inspired by the personality of the most beloved and remembered North American president in this last 50 years - JFK - who wanted change, not through a revolution but as a result of a renovation of the contents of our system of life. The vibrant presence of Barack Obama in the public scenery that for sure will deserve an extraordinary chapter in the History of the United States has also inspired me.

Through these pages have passed our presidents, their doubts and wise moves before the different challenges of contemporary history. Kennedy offering an alternative against the Cold War; Johnson suffering the weight of history with Vietnam; Ford doing as a bridge between the power and the fall; Carter proposing to expiate the sins of triumphalism; Reagan making the nation stand up again and defeating its worse adversary; Bush (father) facing the phenomenon of drugs and fundamentalist violence; Clinton inaugurating an era of neoliberalism, globalization and net surfers; Bush (son) destroying the values of all the previous.

No, dear reader, it is not the end of history. Something good has started during the elections in November and is beginning right now with our new president. For that reason this it is an optimistic book in spite of errors of recent past. Because it aims to the right answers for the future and his author believes in the United States of America, has faith in the new frontiers to be conquered and thinks that there are still things, which are worth to gamble life for.

Luis Wallpher González
Saint Augustine, August 2008.

Al día siguiente...

Luis Wallpher González

Cesó la batalla política, se sosegaron los espíritus, los antagonistas de ayer se tendieron la mano y volvieron a unirse para trabajar por América.

Personalmente nunca me sentí más orgulloso de mi condición de inmigrante y ciudadano americano por convicción, que esa noche, cuando un digno Senador John McCain pronunció sus memorables palabras, reconociendo a Barack Obama como "*mi antiguo oponente y mi futuro Presidente*", pidiendo "*a todos los estadounidenses que me apoyaron, que se unan a mi en no sólo felicitarlo, sino en ofrecer al futuro Presidente nuestra buena voluntad y ferviente esfuerzo para encontrar vías para unirnos*". Y el vencedor de la jornada democrática reiteró el concepto que siempre tuvo de su rival: *el senador McCain es un héroe americano*.

Quedó demostrado que la magia del sueño americano es una posibilidad ilimitada y siempre posible.

La jornada electoral del 4 de noviembre de 2008 confirmó lo dicho por el Dr. Martin Luther King en otro tiempo: "*I have a dream*". Detrás de Obama estuvieron cientos, miles de ciudadanos para demostrar su valía y exigir un lugar en la sociedad americana. Con él llegaron al más alto sitial: la Presidencia de los Estados Unidos de América.

HOY empezó la renovación americana, la reconducción y la recreación de esta nación de cambios en libertad.

El optimismo sopla en las velas del barco de la democracia llevando un mensaje a los ciudadanos de toda la Unión Americana, desde Nueva York hasta Los Angeles, de Chicago a San Agustín: nada está perdido, hay aún mucho que hacer hacia delante y muchas fronteras de la ciencia, la tecnología, le economía y la sociedad aún están inexploradas.

Fue en 1960, hace 40 años, cuando llegó por primera vez un católico a la más alta investidura; ahora llega por primera vez un afroamericano. Y aún habrán muchas *primeras veces* para esta sociedad que, de muchas maneras, contiene al planeta mismo en su inmensa variedad de razas, creencias, pensamientos, anhelos y talentos.

¡Qué gran ejemplo a los pueblos del mundo!

Para Europa cuyos líderes dieron la bienvenida a quien trae renovados aires de confianza hacia la superación de la crisis económica que afecta a todos. Para las vigorosas economías del Asia que encuentran en Barack Obama la esperanza de un mundo más abierto. Para el Medio Oriente, hambriento de paz. Y aún para los países de la América Latina que identifican en el mayor mercado del mundo un magnífico estímulo para sus potencialidades.

En el plano de la realidad concreta, es posible que el Presidente Obama inicie la evacuación de la presencia militar americana en Irak en los siguientes meses y preste más atención a las reformas sociales con énfasis en el seguro médico y la educación. Pero sobre todo debe enfrentar la crisis económica con una deuda interna que el próximo año llegará a la cifra récord de 1,5 millones de millones de dólares. Europa ha saludado el triunfo de Obama y Asia espera la rehabilitación del mercado norteamericano de la mano del nuevo Presidente, en un momento en que BMW ha despedido a 40.000 trabajadores y los ingresos de Toyota han caído en un 70%.

Lejos de tales prioridades, personajes inquietantes en América Latina, creen que Obama se sumara a las corrientes conservadoras del socialismo que ha fracasado históricamente. Hugo Chávez, manifestó su deseo de entablar un "dialogo constructivo con Obama", algo así como hablar con el enemigo para ver qué pasa. Y la victoria de Obama ha sido interpretada por Evo Morales como un triunfo de su visión personal de la política, augurando un levantamiento del embargo a Cuba y un nuevo tiempo entre las dos naciones, en un momento en que las relaciones llegaron a su punto más bajo tras la expulsión del Embajador de los Estados Unidos, de la DEA y de USAID.

Los populistas latinoamericanos no parecen darse cuenta de que Estados Unidos es la primera potencia económica del mundo, gobierna con políticas de largo plazo y la nueva administración seguirá luchando contra el terrorismo y el narcotráfico, por la democracia y el libre mercado.

Qué decepción para los gobernantes populistas que creen –ilusos ellos—que la presencia de un negro en la Casa Blanca significará el derrumbe de lo que llaman *"el imperio"*. Y así como hoy todos los americanos volveremos al trabajo con renovada fe en nosotros mismos, esos gobiernos demagógicos tendrán que comprender el rol de sus propios países en la lucha contra la pobreza, la desigualdad, la falta de educación, las carencias en salud, la necesidad de producir, el ansia de justicia, lejos de los falsos paradigmas del enfrentamiento, el odio racial, el narcotráfico o el terrorismo.

La relación de los Estados Unidos y el mundo se ha recompuesto o está en vías de hacerlo. La historia ha cambiado otra vez porque así lo ha decidido el voto de los americanos expresado con libertad de conciencia, tras un debate de ideas intenso, en el que se yergue victoriosa la renovación para mejorar.

San Agustín, 5 de noviembre de 2008.

The following day…

By Luis Wallpher González.

T he political battle ended, the spirits have calmed down and the protagonist of yesterday reached each other hands and together started to work for America.

I've never felt so proud of my condition of immigrant and American citizen by conviction, that night, when Senator John McCain pronounced his memorable words, recognizing Barack Obama like "*my old opponent and my future President*", asking "*to all the Americans that supported him, not only congratulate the future president, but also to offer him our good will and fervent effort to find routes to unite us*". And the winner of this democratic day reiterated the concept that always he had of his rival: "*Senator McCain is an American hero*".

November 4, of 2008 confirmed what has been said by the Dr. Martin Luther King: "*I have a dream*". Behind Obama they were hundreds, thousands American citizens demonstrating and demanding a place in the American society. With him they arrived at the highest seat of honor: the Presidency of the United States of America.

Today began the American renovation, the renewal and the recreation of this nation of changes in freedom.

The optimism blows the sails on the boat of democracy taking a message to the citizens of all the American Union, from New York to Los Angeles, from Chicago to San Augustine: nothing is lost, is necessary to go forward and to cross the challenges of science, technology, economy and society that are still unexplored.

In the 60's, 40 years ago, a catholic arrived for the first time to the highest investiture; now an Afro-American has arrived for the first time. And still there will be many first times for this society that in many ways contains the planet itself, in its immense variety of races, beliefs, thoughts, yearnings and talents.

How great example for the world!

For European leaders who welcome the future president and the renewal confidence that he brings to overcome the economic crisis that affects all. For the vigorous economies like Asia that find in Barack Obama the hope of an open world. For the Middle East hungry of peace. And for the countries of Latin America that find in the greatest market of the world, a magnificent stimulus for their potentialities.

President elected, Barack Obama has plans to evacuate the American military presence in Iraq in the next months and will pay attention to the social reforms with emphasis in the medical insurance and the education. But mainly he must face the economic crisis an internal debt that the next year will arrive at the number record of 1.5 million millions dollars. Europe has greeted the triumph of Obama and Asia waits for the rehabilitation of the North American market in the hand of the new President, in times in which BMW has dismissed 40,000 workers and the sales of Toyota have fallen in a 70%.

Far from such important priorities, disturbing characters in Latin America think that Obama was added to the currents of socialism that has historically failed. President of Venezuela, Hugo Chaves express his desire to establish a "constructive dialogue with Obama", something like to speak with the enemy to see what happens. And the victory of Obama has been interpreted by President of Bolivia, Evo Morales as a triumph of his personal vision of American international politics, predicting the lifting of the embargo to Cuba and a new time between the two nations, in times where the relations between his government and United States of America are in their lowest point after the expulsion of the Ambassador of the United States, the DEA and USAID. Latin American Populists don't realize that the United States is the first economic power of the world, governs with long term policies and the new administration will continue fighting against terrorism, drug trafficking, for democracy and the free market. What a deception for all this populists presidents in Latin America.

Today all the Americans with renewed faith in ourselves will start working together to conquer all the challenges of our times.

Saint Augustine, 5 of November of 2008.

About the Author

I was born in La Paz, Bolivia. My father was an artist (painter) and University Professor in Bolivia, Brasil and Ecuador. My mother era artista, política y diplomática.

He pasado por Georgetown University Maryland Institute College of Art y el Instituto de Arqueología de la Universidad de Londres, donde obtuve los títulos en Fine Arts y Masters en conservación de monumentos de piedra. I had one of the most exclusive Art Galleries in Washington D.C. and in La Paz-Bolivia.

He luchado por la protección de los monolitos del Tiwanaku y monumentos históricos de Bolivia for about ten years, finally the government of Bolivia did something about it to protect this monuments.

In the 90's entre a la política sin buscarla in about a year I was a national líder of F.S.B. the oldest political party at the time. In 1996, I was elected as member legislator of the Municipality of the city of La Paz-Bolivia.

In 2002, I was elected President of Cotel which is the largest Communication Company in Bolivia. In 2005, I was elected candidate to first senator for La Paz, Bolivia.

After 9.11, I together with other people rescued an American flag from being burned by anti-American groups.

I proudly keep that flag in front of my porch in my house in St. Augustine, Fl.

Entre mis pasiones fuera de mi esposa y mi hijo, están el arte en todas sus manifestaciones, la política y escribir.

This is the third book published by the author. His next book will be "Dear John" (cartas dirigidas al ex-presidente J.F.K desde un punto de vista histórico y político, criticas y sugerencias para reforzar y engrandecer las relaciones entre Estados Unidos y Latino América.

www.ingramcontent.com/pod-product-compliance
Lightning Source LLC
Chambersburg PA
CBHW020237290526
45784CB00003B/1014